Sports Word Searches and Scrambles

Word Search and Word Scramble Puzzles

All About Baseball

By Emily Jacobs

Copyright 2016

All rights reserved.

How to use this book:

Each theme in this book has a word scramble puzzle and a word search puzzle. Words are vertical, horizontal, diagonal, forwards, and backwards in the word search puzzles.

The answers to the word scrambles are the list of words to be used in the word search puzzle. The list is on the next page. The list of words is the same for both puzzles. The answers to the word search puzzles are at the back of the book.

Work the puzzles for one theme at the same time, at a different time, or by a different person. Whichever puzzle type is your favorite you will enjoy being reminded or starting a conversation about one of America's favorite sports, teams, and players.

Find more entertaining books for all ages at

www.LifeChangerPress.weebly.com

Created with TheTeachersCorner.net Word Search Maker

Find more books by Emily Jacobs for your enjoyment:

Sports Word Searches and Scrambles
Word Search and Word Scramble Puzzles
All About Football

Sports Word Searches and Scrambles
Word Search and Word Scramble Puzzles
All About Basketball

Sports Players from Pennsylvania
Famous Athletes Word Searches and Other Puzzles

Sports Players from Virginia
Famous Athletes Word Searches and Other Puzzles

Football Word Search and Other Puzzles
Football Players from Ohio 1920-2014

Football Word Search and Other Puzzles
Football Players from California 1920-1990

Football Word Search and Other Puzzles
Football Players from California 1991-2014

Word Search Fun with Football Players from California

Enjoyable Geography Lessons
Word Searches About All 50 States and Their Symbols

Arkansas Word Search - Word Search and Other Puzzles about Arkansas Places and People

Colorado Word Search - Word Search and Other Puzzles about Colorado Places and People

Ohio and Its People - Ohio State Word Search Puzzles and More

Pennsylvania Word Search - Word Search and Other Puzzles about Pennsylvania Places and People

South Carolina Word Search - Word Search and Other Puzzles about South Carolina Places and People

Virginia Word Search - Word Search and Other Puzzles about Virginia Places and People

Washington Word Search - Word Search and Other Puzzles about Washington Places and People

Animal Word Search
Pet and Farm Animal Themed Word Search and Scramble Puzzles

Cars Then and Now - A Word Search Book about Cars (American)

Cars Then and Now - A Word Search Book about Cars (Foreign)

Cars Then and Now - A Word Search Book about Cars (American and Foreign)

Everything Woodworking - A Fun Word Search Book for Woodworkers

Food for Fun - A Food Themed Word Search and Word Scramble Puzzle Book

Fun with Movies - Word Puzzles of Favorite Kids' Movies

Heroes in America - Word Search Puzzles of People in our History

Bible Word Search

New Testament Word Search

Old Testament Word Search

Mandala Design Duets to Color
An Adult Coloring Book of Fun Mandala Patterns

Introducing You!
Self-Journal Questions to Get to Know Yourself

And for the little ones in your life:

Letters and Animals Coloring Fun

OR FOR MORE BASEBALL FUN, CHECK OUT THESE TITLES:

Baseball Teams Facts for Fun! National League (Books 1 and 2) – by Wyatt Michaels

Ballpark Facts for Fun! American League – by Wyatt Michaels

Ballpark Facts for Fun! National League – by Wyatt Michaels

Table of Contents

Find more books by Emily Jacobs for your enjoyment: 3
All in the Game 11
Baseball Positions 15
American League Teams 19
National League Teams 23
American League Cities 27
National League Cities 31
American League Stadiums 35
National League Stadiums 39
American League Pitchers 43
National League Pitchers 47
American League Relievers 51
National League Relievers 55
Catchers 59
First Basemen 63
Second Basemen 67
Third Basemen 71
Shortstops 75
Outfielders 79
Outfielders Too 83
Hall of Fame Pitchers 87
Hall of Fame Pitchers Too 91
Hall of Fame Catchers 95
Hall of Fame First Basemen 99
Hall of Fame Second Basemen 102
Hall of Fame Third Basemen 107
Hall of Fame Shortstops 111
Hall of Fame Outfielders 115
Hall of Fame Outfielders Too 119

World Series Winners 123

ANSWERS TO WORD SEARCHES 126

Matching Answers 156

Find more books by Emily Jacobs for your enjoyment: 159

All in the Game

Have fun unscrambling these words.
Answers are on the next page.

NRU	Run
ITH	Hit
GTA	Tag
UTO	Out
LABL	Ball
FEAS	Safe
SESAB	Bases
KLWA	Walk
ETSAL	Steal
HPTCI	Pitch
ITEPLR	Triple
TOWHR	Throw
UEODBL	Double
NGELIS	Single
ORHEMUN	Homerun
OYUDLLAPBE	Double Play
LBAFLLY	Fly Ball
IERNLIDVE	Line Drive
STIREK	Strike
SEKUITORT	Strike Out
MNUDO	Mound
UBLLOLFA	Foul Ball
CIESRFICA	Sacrifice

All in the Game Word List

BALL ✓

BASES ✓

DOUBLE ✓

DOUBLE PLAY ✓

FLY BALL ✓

FOUL BALL ✓

HIT ✓

HOME RUN ✓

LINE DRIVE ✓

MOUND ✓

OUT ✓

PITCH ✓

RUN ✓

SACRIFICE

SAFE ✓

SINGLE

STEAL ✓

STRIKE ✓

STRIKE OUT ✓

TAG

THROW

TRIPLE

WALK

All in the Game

```
              I  J  E
           L  X  E  F  S  L  X  J  D
        M  G  Z  D  S  A  X  B  M  B  L  N  D
     M  J  U  Z  A  E  F  C  R  U  R  G  Z  C  V  O  Y
     F  R  Q  T  B  E  N  D  L  M  O  W  D  U  L  J  T  Q  M
  N  O  I  J  C  L  S  L  V  I  G  D  S  C  R  C  D  Z  G  G  M
  D  U  L  K  J  P  L  P  M  F  A  C  J  N  U  R  E  M  O  H  K
  T  T  L  O  I  O  K  W  S  R  F  U  A  T  P  K  M  I  N  T  G  P  D
  V  L  M  I  V  N  U  S  E  Z  U  G  S  L  Q  M  X  C  K  E  J  F  N
  Q  H  S  E  N  E  B  E  H  K  Q  L  N  P  A  G  X  V  Y  W  B  T  R  U  Z
  B  A  H  A  P  U  L  C  D  I  T  C  C  I  J  C  P  Z  O  Z  M  O  T  O  Y
  V  M  B  Y  V  G  T  A  X  R  A  D  M  W  L  O  R  F  O  U  T  H  D  M  P
  S  S  B  B  X  N  I  K  M  W  T  I  B  B  U  L  D  Y  I  A  U  N  C  Z  R  E  L
  Y  I  E  S  I  P  N  Z  Q  X  S  T  V  J  L  A  X  F  K  F  O  R  C  V  M  I  L
  H  I  V  S  J  W  S  G  Z  Y  C  M  R  E  G  B  Y  V  X  W  I  R  O  H  A  I  T
  I  U  T  A  F  O  U  L  B  A  L  L  E  J  Y  Z  Q  B  U  J  C  X  B  L  E
  W  T  O  S  B  X  T  H  A  Y  A  L  P  E  L  B  U  O  D  K  U  E  C  E  A
  Q  C  Q  B  Q  E  V  L  I  S  P  O  J  S  F  U  Y  U  W  D  C  W  X  T  D
  L  M  W  S  U  B  W  O  I  J  U  G  F  P  E  J  N  A  N  Z  G  H  A
  Y  E  P  T  P  H  G  R  M  A  S  A  F  E  L  C  A  L  G  D  R  W  O
  Q  F  O  X  W  T  A  D  G  B  G  O  S  T  R  I  K  E  O  U  T
  Z  Z  P  F  C  J  J  T  X  H  W  D  T  W  L  P  Z  W  C  E  T
        P  J  C  L  X  C  I  D  D  W  S  E  R  W  R  Z  B  N  I
        C  O  S  L  T  L  J  O  X  T  A  A  I  Q  Z  Q  A
        A  L  C  L  P  O  C  R  L  K  V  T  K
              Z  C  S  A  B  M  B  R  G
                    W  G  B
```

Baseball Positions

Have fun unscrambling these words.
Answers are on the next page.

HETPICR _____

AERCTHC _____

SOTTOPRHS _____

BREAFNSAMTSI _____

CBMSAAENNOSED _____

TSARMNHBIDAE _____

FRDILUEOET _____

FERLIIEND _____

RETDEIRNEFCEL _____

LFFTRIEDLEE _____

EILFRRIHETDG _____

IERLEEVR _____

RITHNECPHTI _____

ICPUNRNEHRN _____

ERIPUM _____

Baseball Positions Word List

BASE RUNNER	PINCH HITTER
BATTER	PINCH RUNNER
CATCHER	PITCHER
CENTER FIELDER	RELIEVER
COACH	RIGHT FIELDER
FIRST BASEMAN	SECOND BASEMAN
INFIELDER	SHORTSTOP
LEFT FIELDER	THIRD BASEMAN
OUTFIELDER	UMPIRE

Baseball Positions

```
                        W E K
                  H I Z Q U L T I W
              H L E F T F I E L D E R G
            O T X U H S R E D L E I F N I C M
          D A N A M E S A B D N O C E S N O A X
          S B R E H C T I P P Z D F N C K A N S W Y
          E G H N C M U E G O N H C A O C M T A G J
          J U O L W F R U J T T K V H C G F E H J S N
          J O H H K Y N S N V S N U G E K G S I F F W B
      S Q A U E H L O L K X T Y F D N J N A R X U N F M
      S X H X T M Z E I W J R P K X T R N B D Y A J P Q
      P M P B R F Y K I D L O S Y Y E C X T B L X Y V L
    U K I I T J T I Q J P V H P P N R L A S A Z O Y T K D
    Z L E N T N O R E U U J S X N L F X G R S R O T V C V
    E S X C C L R R E L S D J U R W I Y N I E A V D E R K
      K L H Z H Y E Q H D E R X P Y E Q Y F M M K J E D
      R Y H A W R P L Q C E R X W L L G O J A F H D Y G
      N S I S N C U K I S T R I N K D E I I N X L S V M
          C T E F Q E N A E R A Y P Z E B M S K E Y R H
          F T Z J W C B N Y V F C N M R A O I I I B H D
          E L R R L S F E P E T L E U P O F S P M P
          R O I R X H M N R S R F V D R T Q L Z A T
          P Y J D A N H A Q N J A E H V S J G C
              K M I F W A H J M W T G V A O X Z
                P H Y M N U L T I X W Z R
                  F X N Z A R P O T
                        B M R
```

American League Teams

Have fun unscrambling these words.
Answers are on the next page.

LYJUASEB _____

KEAEYSN _____

OLIESRO _____

OXDSRE _____

SYRA _____

LSAORY _____

SNTIW _____

ANNISID _____

XOIWETSH _____

GRSITE _____

ERRGASN _____

ASTSOR _____

NGALES _____

SMRNIRAE _____

ACETLHTSI _____

American League Teams Word List

ANGELS	RAYS
ASTROS	RED SOX
ATHLETICS	ROYALS
BLUE JAYS	TIGERS
INDIANS	TWINS
MARINERS	WHITE SOX
ORIOLES	YANKEES
RANGERS	

American League Teams

```
            S B J
          X G A B I E X G X
        Q G S E B T X P Z Y H I M
      B J S Y Q L G R W E Z J R H X T T
      E T Z Y A N K E E S I E A F V Y Y D V
      H W L Y T Z F H G G D Y N K C X Y C K K Z
      L R H T G U C R L D N G D S Y G O Z M I U
      I R V B I O   R W E A K   O T D B H W
      S W U Y J T   T R H I C   D T B P Q M
    W M P W X N N E S G S Y A R U F D S I Y E C I I W
    U F O R I O L E S R S B H F W Q R U F N C Z E V K
    R M O H O V G I E O K Z N C P W Z L Y L D Z G K G
    X E R Q E X L C G L M X U G D I T T G C I U I C V N U
    O D K V U W Z I L C C S P P P Q L D D D N E L A G I L
    H S Q T I O T U E A U C U V Z O H T W D W B P Z N M M
    O R W S   O B L U E J A Y S B W F R V O   W J M S
    X L C L   K N B Q Q B Z K J A A C I   T G O P
    N N R A L   B M A R I N E R S A E   H Q T P D
      K J Y U W           C D F R G
      G C O U P W           I K R P R L
      Y R S O R T S A D I S S V Y I O W T H F F
      G B S A T H L E T I C S T F Q C D Q W Y F
      Y I N C S W Q E E S P B P P V G U E W
      X K Q L N S H E I H T D M K F L L
        L Y K U T K F W Q W T I F
          S G Y G M H C A Z
            S X Z
```

National League Teams

Have fun unscrambling these words.
Answers are on the next page.

AISLRDANC _____

RSAIPTE _____

USCB _____

RWEBSER _____

ERSD _____

GODESDR _____

IGTNAS _____

KONISADCMABD _____

REDAPS _____

REOCSKI _____

SETM _____

NSALTNOIA _____

LIRSAMN _____

ESRABV _____

ESIPILHL _____

National League Teams Word List

BRAVES	METS
BREWERS	NATIONALS
CARDINALS	PADRES
CUBS	PHILLIES
DIAMONDBACKS	
DODGERS	PIRATES
GIANTS	REDS
MARLINS	ROCKIES

National League Teams

```
P S D N P I E G T B S W D F Q G P O T
X B L X S K W T E D K M W S P A E H G
C U Q A H V O X B T C V Y X E K B D T
C C J C N R S W E P A M J S E R D A P
J V T E O I N L Q L B M O S A Q A L Y
F F R X U X D S A J D I M V T Z J W I
I N P Y Q O A R T N N N E N L K V I O
C J D D D S W E A Q O S S G M I M R Y
H D T G J M B W B C M I S E T Y E X P
K O E J D U G E J H A T T L L A V S M
P R S S H Y H R J T I S M A U C N E N
S R E E P P Z B S N D Y A Y N A X I L
F V I T X M I F J Y E Z R S K A S K O
C R L A X S T N A I G E L Q E K G C A
L E L R E T D C J S D D I E H W E O E
P N I I C F Y H T S J M N E F D R R R
X X H P O G Z W Z A Y J S P Q K U J F
R Z P I M T I T N N I L K D O Z B S G
Y L W J F W O W T M X Z T H A E N M M
```

25

American League Cities

Have fun unscrambling these words.
Answers are on the next page.

OTRNOTO _____

YIECRTOWYNK _____

TILEBROMA _____

TNBOOS _____

AABYATMP _____

SCSNKYTAIA _____

ILPIESMONAN _____

NDAELVCEL _____

HAGOCCI _____

RIETTOD _____

ORNNLTIAG _____

HOTSNOU _____

ASLENSEGLO _____

AELETST _____

NOKADAL _____

American League Cities Word List

ARLINGTON	LOS ANGELES
BALTIMORE	MINNEAPOLIS
BOSTON	NEW YORK CITY
CHICAGO	OAKLAND
CLEVELAND	SEATTLE
DETROIT	TAMPA BAY
HOUSTON	TORONTO
KANSAS CITY	

American League Cities

```
V O L Y N Z Y R I A O M Z E N M C R Q N
F H S I O K P E R O M I T L A B D W O D
H V Z W L K R T K M I N O Z B G B T T S
V Z L A J P Y Q D L V N P J X N S B V E
G G D L D G A L O S Z E B D E O B I X A
B Y P B C U A W E H Q A S W B E P T Y T
A O U U I R D L R L X P Y Z B W M N B T
C H Y T Y D E C F O G O V M V D A W I L
Y P S O B G T Y Y S R L B R R H L H X E
R R J G N W R Q K K Z I O R R D O I M G
B I N A Z A O D C H T S K F M A G T K Y
K G S C E O I I T O P P Q W K V G Q A O
I O D I X R T N K U Q T S L H G B T N H
L J K H N Y T W Y S B R A J K B W F S Z
U X S C R X H F U T L N Q M R W N S A T
L W K T O R O N T O D C F X P L P X S Q
J A R L I N G T O N A B I M Y A D J C L
P A R Y C Y D R R L Y L Q Y Z H B V I K
J C R Y K P T S Y V E U K Y J X X A T W
U E Z E G D N A L E V E L C Y L O J Y E
```

National League Cities

Have fun unscrambling these words.
Answers are on the next page.

OSLUIST　　　　　　　_____

UTGIBHPTSR　　　　　_____

GICHCOA　　　　　　　_____

KAEMUIELW　　　　　_____

AIICNTNICN　　　　　_____

ELGSLAOENS　　　　　_____

NSNRAOCIFACS　　　　_____

IOPNEXH　　　　　　　_____

OESNDIGA　　　　　　_____

RNDEVE　　　　　　　_____

KWNITRCYOYE　　　　_____

WSAONTDCNIHG　　　_____

AIMMI　　　　　　　　_____

NLTAAAT　　　　　　　_____

DIIHAHPLLEPA　　　　_____

National League Cities Word List

ATLANTA

CHICAGO

CINCINNATI

DENVER

LOS ANGELES

MIAMI

MILWAUKEE

NEW YORK CITY

PHILADELPHIA

PHOENIX

PITTSBURGH

SAN DIEGO

SAN FRANCISCO

ST. LOUIS

WASHINGTON DC

National League Cities

```
O R U E O J U Y K P Z S T L O U I S N
V G B U W X K Z D Z O L F M X G F J O
J X E Z C Y Z V M M E A C H I C A G O
D Q N I K P T M I I I J N M N O W Q E
H A D L D F U S P H W E F E E C P K J
Z T Z V C N F Y P K E H H C O S B N U
L L G W H J A L T K R G E I H I X R U
Q A R Z Y D E S U D S P Y T P C N W H
O N T S M D S A H D S T W P T N N W G
A T P L A Q W U V E I Z R B A A X W R
C A H L J L R G L C H E S I C R H L U
H C I J I H Z E K C V H K V H F W Y B
U H B M O O G R X N Q P J T P N T M S
P O O D Z N O H E S K R L M Z A D I T
Q M G L A Y H D W N K W A H Q S S A T
F P D S W C D N O T G N I H S A W M I
X U O E E I T A N N I C N I C I Z I P
S L N N L N N O Q B K A E Y D U D A F
S W N A Z B D T R T I R L F V Z W P U
```

American League Stadiums

Have fun unscrambling these words.
Answers are on the next page.

LGNDMUIAATES　　　　_____

ECKCAPARMORI　　　　_____

EWFAKPYNRA　　　　_____

LIRLBEKPOAFGE　　　　_____

DAFSITNAMKAMFUU　　　　_____

TMAPIIKMRAUNED　　　　_____

EOOOUICSCLM　　　　_____

SMCAYRADNED　　　　_____

FVIRDRELSIPESEGO　　　　_____

GEEECTNSRRRO　　　　_____

FFSLEICDEAO　　　　_____

EGLAITEDFTR　　　　_____

PEIRLACAIFDTNO　　　　_____

SLLCLIAEFREUDLU　　　　_____

DAEIYSMAKEUNT　　　　_____

American League Stadiums Word List

ANGEL STADIUM

CAMDEN YARDS

COMERICA PARK

FENWAY PARK

GLOBE LIFE PARK

KAUFFMAN STADIUM

MINUTE MAID PARK

OCO COLISEUM

PROGRESSIVE FIELD

ROGERS CENTRE

SAFECO FIELD

TARGET FIELD

TROPICANA FIELD

US CELLULAR FIELD

YANKEE STADIUM

American League Stadiums

```
E P I E D S M O E C Z C H R Z O A V R I U R C B G
S N U S X D U F Z G L O B E L I F E P A R K P K U
H F Y W J N T H M A R U Y W N W U O W K S N X M A
B S Z B R K F Y Q S R L L E T D J J I R Q G Z W D
I A K J X E I G W U A N T D Y M J E Y N Q Z B L I
T Z R P P Z H A U Y F Y K F O R G I N Z M E E M
K E A J S R H H M B H M E N Y U X A L L Y I V C V
C Y P P Y O B R U X B D E C S Z G W B M F N R E Y
Y P Y I L G O K I P N U T C O S F N T A V U O D V
Y I A L R R L C D L T R E P I F M K N M V T L Q W
S T W M S E S I A F V L V C F E I A E R S E G G S
D B N S U S J A T L L D M U W J C E T N I M E M E
O D E W Z S S D S U Q Q F M Y I F R L F T A E Z T
N W F G G I U H L Q E S O A P B S E T D C I N S E
K F E V A V Q A E Q K V N O V H T E W R Z D A D L
B A L C N E R L G O U K R M R P G C I R E P E R V
J C J I V F M W N N E T R A U R F F A E K A E A T
Z O T H I I E V A E D Z A M A J S D V K F R T Y R
M C S E Z E B U S N Z N Q T D H I W S G Q K M N A
K K L S N L T T E R T N E C S R E G O R C O F E K
Y D M U I D A T S N A M F F U A K U N M R S R D S
J Y E Z L D I H A E A Q A N E F L F M P T N Z M P
W U D O I U T G N Q Z Z R T R Z D C Y V K P J A N
J Y Y U V N O C O C O L I S E U M R Q T D B X C Y
N X M V S D J C O M E R I C A P A R K B G N E T J
```

American League Stadiums Matching

1. _____ Angels   a. Fenway Park

2. _____ Tigers   b. Rogers Centre

3. _____ Red Sox   c. US Cellular Field

4. _____ Rangers   d. Progressive Field

5. _____ Royals   e. Yankee Stadium

6. _____ Astros   f. Kauffman Stadium

7. _____ Athletics   g. Comerica Park

8. _____ Orioles   h. Camden Yards

9. _____ Indians   i. Angel Stadium of Anaheim

10. _____ Blue Jays   j. Globe Life Park

11. _____ Mariners   k. Tropicana Field

12. _____ Twins   l. Safeco Field

13. _____ Rays   m. Target Field

14. _____ White Sox   n. Minute Maid Park

15. _____ Yankees   o. Oco Coliseum

Answers are on page 152

National League Stadiums

Have fun unscrambling these words.
Answers are on the next page.

TTPAAKR _____

SMBCHUTUISDA _____

EEDIFCSAHL _____

IDIILCFET _____

ZTKESNRABANIKIPC _____

FLSIORODCE _____

GMATDRUSOEDID _____

AAPLACARRMTENKRLIBAEG _____

RRASKLANPMI _____

LPKALIMERR _____

APSANTOLRANIK _____

KOAERPTCP _____

PNRKCPA _____

FDTRERLNEUI _____

LFYERGEDILIW _____

National League Stadiums Word List

AT&T PARK	MARLINS PARK
BUSCH STADIUM	MILLER PARK
CHASE FIELD	NATIONALS PARK
CITI FIELD	PETCO PARK
CITIZENS BANK PARK	PNC PARK
COORS FIELD	TURNER FIELD
DODGERS STADIUM	WRIGLEY FIELD
GREAT AMERICA BALLPARK	

National League Stadiums

```
M I L E F D F Z C F X T U N N O Y E I C C K R U K
U O K J E L V T D N E M E B Q C L X M J H C P R F
H O N A P Z G Q V C I T I Z E N S B A N K P A R K
A I P T E D K S H H H X Z E H W R Y V S E P X L S
H X L T R N H M T I A W S J J Q J I N P L N Z G P
H A N P J W L I A T H B D L E I F Y E L G I R W V
Q X G A J D D L A Z I S B G X W G Q A J D X J Y W
T K J R N K M L Z C W Q S U R E K B Y I O I B E H
T Q W K B E O E G N Q R I L V O N G I Z D B Z T D
K V I O P T C R B U S C H S T A D I U M G N M W L
F R Q U P U C P M H O N L P C Q C B B Y E I C L E
V P A T R A Y A C Z F W Q I O C V I I O R U A F I
M B V P W L V R T O I F R Y Y I T F C C S M S W F
C Q P E S X W K Y X O E K R K D B X F I T W L N E
J M D T K L U Q C K M R N U M Y I D X H A G X C S
S Z M C J X A V K A V N S A J L X W N D D T I E A
D O W O H E L N T Z C I R F D K A D Y P I K N N H
B S I P A C K A O I D L A V I J Q R B X U R U W C
W O W A X Q E H T I I E X D X E F J D B M A B E M
J P Q R G R Z I A N T S P J J A L K T R V P C M J
N T U K G Q F O S C C A W W G N V D U F R C Y C B
Q O G F M I C P T V D B N T N H Z Y S R U N W F H
G M O M E L A C J V D T Z R W C M L Q Z I P Q R D
S L L E R C B J E K T A W E A H S N Q C I T R S
G A D T K V N L M Q U Y B L T U R N E R F I E L D
```

National League Stadiums Matching

1. _____ Giants   a. Citizens Bank Park

2. _____ Cardinals   b. Coors Field

3. _____ Diamondbacks   c. Nationals Park

4. _____ Mets   d. Wrigley Field

5. _____ Phillies   e. Busch Stadium

6. _____ Rockies   f. AT&T Park

7. _____ Dodgers   g. PNC Park

8. _____ Reds   h. Chase Field

9. _____ Marlins   i. Dodger Stadium

10. _____ Brewers   j. Great American Ballpark

11. _____ Nationals   k. Petco Park

12. _____ Padres   l. Miller Park

13. _____ Pirates   m. Citi Field

14. _____ Braves   n. Turner Field

15. _____ Cubs   o. Marlins Park

Answers are on page 152

American League Pitchers

(Subject to change!)

Have fun unscrambling these words.
Answers are on the next page.

EDAERNNZH _____

AESL _____

KLREBU _____

PIECR _____

RVDISAH _____

KWUAMAI _____

HRRISCAD _____

OACARSRC _____

BOBC _____

YRGA _____

MISAJZAADR _____

RPKNSIE _____

DOAY _____

UELHECK _____

ARRRHEE _____

American League Pitchers Word List

CARRASCO	KLUBER
COBB	ODAY
DARVISH	PERKINS
GRAY	PRICE
HERNANDEZ	RICHARDS
HERRERA	SALE
IWAKUMA	SAMARDZIJA
KEUCHEL	

American League Pitchers

```
        J K R B Y J S T C B P Q           R H P Y Y Q
X           Z S N A F S J                 H D F I
T           C Z K R D J M N                   G S
I           H C K R W G A N       O S         M O
L           G S A A A E D S       R U         E I
Y B V W S E H C S D U O L M Z E D N A N R E H J
I Q U V D C W B C I N I P T B C U Y D M H L Y X P T
A P H S I A A G O U R F D W D T H R O Y C A O Q V X
G A J R W G R D U R Z A P N Q X J A K M K S P D A N
R N C E S Q T V T A J I Z D R A M A S O I E U M U X
X S L Y Q P F S I E G X J F R A U N A P R J U W M
F Z T Z O N J I T S P P Y E F G R U S K Y K K C H
K I S D I L X K X W H J R U W O Y G I Y A W P H H
M I H P D C I Q B R N R K R H K U N K W D R R V T E
W L G H Y N F V E J E H S X F G S P I R O O I R G J L
M T V O R C Z B T H E Y W E G N W L S I B Z C V X S S K
K X H F Q L U V G Y J A X J S M H J J B E F E D D X F V C
        W G L M S     R B R A Z     Z R R O Q     Q L S Y J
        K K X         B G N         U C V         C P T
```

American League Pitchers

First Name to Last Name Matching

1. _____   Felix   a. Richards
2. _____   Chris   b. O'Day
3. _____   Corey   c. Kluber
4. _____   David   d. Iwakuma
5. _____   Yu   e. Herrera
6. _____   Hisashi   f. Cobb
7. _____   Garrett   g. Price
8. _____   Carlos   h. Perkins
9. _____   Alex   i. Hernandez
10. _____ Sonny   j. Carrasco
11. _____ Jeff   k. Sale
12. _____ Glen   l. Darvish
13. _____ Darren   m. Keuchel
14. _____ Dallas   n. Gray
15. _____ Kelvin   o. Samardzija

Answers are on page 152

National League Pitchers

(Subject to change!)

Have fun unscrambling these words.
Answers are on the next page.

EAHRKWS　　　　　　　_____

EOTCU　　　　　　　　_____

EEHSZCRR　　　　　　_____

RBARSSUGT　　　　　　_____

ESLTER　　　　　　　　_____

RGAUBRANME　　　　　_____

RGNEIKE　　　　　　　_____

HINRWTAIWG　　　　　_____

MHALSE　　　　　　　　_____

ANIERZMMM　　　　　　_____

VAREYH　　　　　　　　_____

DRNEAFNEZ　　　　　　_____

ARITERA　　　　　　　_____

OECL　　　　　　　　　_____

LIMLER　　　　　　　　_____

MRDEOG　　　　　　　　_____

National League Pitchers Word List

ARRIETA	HARVEY
BAUMGARNER	KERSHAW
COLE	LESTER
CUETO	MILLER
DEGROM	SCHERZER
FERNANDEZ	STRASBURG
GREINKE	WAINWRIGHT
HAMELS	ZIMMERMAN

National League Pitchers

```
F M D Y A H L B U V Q O        C A K M B T
O       X L Z I G Z C          F E S Q
U       H M I C H A V H        R M
D       Q H M X Q X I I   G I  S K
B       T T M V H B B W   T R  H P
B E B N N U N E W A P A R R C O L E P A P X C H
J J Y M R F D R U A L T F D G B F X I W K Y N S T F
W C G X S F V M L R F E X T T S F E T N F L D U I J
H A R V E Y G A H E K E S R L L S F R I K N Z D Y L
A I N I O A N N Z L M O T T E R E N D N N E A U W Q
I L F T R M Q Y V L A M R C E Z A P Z X A B M C B
T A E N V R J C J I I F A C E R R I U N U N L S N
T U E B A N R I C M T X S A J T R E O O V A D L U
C R V K K Q S L O L N G B X D K I D H O U Q P E U A
Q T W A I N W R I G H T U J E L E Z A C Q X B M Z Y T
S Q R W R L G F B B C N R E M Q T Y M J S R C A R Z S P
U F F J H E E O V B M K G Q R N A X F M E H S H K D H P H
    F D Q Y F     H N V X J     F B K Q Y     U M W V P
    K Q K         Y T V         J R E         O K D
```

National League Pitchers

First Name to Last Name Matching

1. _____   Clayton   a. Zimmerman
2. _____   Johnny   b. Fernandez
3. _____   Max   c. Miller
4. _____   Stephen   d. Cole
5. _____   Jon   e. Wainwright
6. _____   Madison   f. Greinke
7. _____   Zack   g. Strasburg
8. _____   Adam   h. Baumgarner
9. _____   Cole   i. Arrieta
10. _____   Jordan   j. Scherzer
11. _____   Matt   k. deGrom
12. _____   Jose   l. Lester
13. _____   Jake   m. Kershaw
14. _____   Gerrit   n. Cueto
15. _____   Shelby   o. Harvey
16. _____   Jacob   p. Hamels

Answers are on page 152

American League Relievers

(Subject to change)

Have fun unscrambling these words.
Answers are on the next page.

NALLDHO _____

NBEAETSC _____

DENRYO _____

BSRNROEOT _____

ITNOBTR _____

TETRES _____

LNLAE _____

UARAEH _____

FZIEL _____

SAIVD _____

TXBNOOR _____

ILMREL _____

SITMH _____

WAHS _____

PRCILADP _____

NNTAHA _____

American League Relievers Word List

ALLEN	MILLER
BETANCES	NATHAN
BRITTON	ROBERTSON
BROXTON	RODNEY
CLIPPARD	SHAW
DAVIS	SMITH
FELIZ	STREET
HOLLAND	UEHARA

American League Relievers

```
              S E G                                   N H H
            U T A A P U                             I K C O P L
      S Y R S A W E B O                       Y C S E L Y A F X
      V X E T F L R Y M                       O U M L M R Z A Y
      B R E L L I M R H H                 C I A A O O Y A B R
      Z T T W V B S Z V B                 D E N Z B S L V N P
      D B F D Q F Z H K M E         G V D Q E H A H I C Q
        H I T K P W H D N C B N Y U R B A G B A D N
        Y H Q S X I R T X E C S T H F F I B B W
            I E P C A C X T J S I K E A Z
              W P E U A O T N V
              X W K P L R N K V O D A H
              N U Q I K U C M B E Z I D K
            R O D N E Y L J N E T C A S K E X E T
        E P W C H W L C X O S R S E D U W W D I N
        Q O L A N E L L A T B B T L I T F E L I Z
      F K X R Q I J O B L X T S O K N A T H A N H N
      T A A T K I I K U     O C M     W Z L O K H D L M
      U J J N M O E T S     R I I     Z Z M A J V N T E
      E N O T T I R B       B S T     T H X C F F W D
      O Y J Z F J M         G V H     R D T L K L I
        X K R K Z           X B O       A F J B D
          W K V             A R P       W J C
                            R O A
                            C W R
```

American League Relievers Matching

First Name to Last Name Matching

1. _____ Greg   a. Britton
2. _____ Dellin   b. Allen
3. _____ Fernando   c. Street
4. _____ David   d. Rodney
5. _____ Zach   e. Broxton
6. _____ Huston   f. Smith
7. _____ Cody   g. Feliz
8. _____ Koji   h. Davis
9. _____ Neftali   i. Betances
10. _____ Wade   j. Holland
11. _____ Jonathon   k. Nathan
12. _____ Andrew   l. Uehara
13. _____ Joe   m. Shaw
14. _____ Bryan   n. Clippard
15. _____ Tyler   o. Robertson
16. _____ Joe   p. Miller

Answers are on page 152

National League Relievers

(Subject to change)

Have fun unscrambling these words.
Answers are on the next page.

MCNNALEO _____

MKEIRBL _____

CNAAHPM _____

SNEAJN _____

SICEKH _____

BLPNOAEP _____

STONRE _____

ITEONB _____

RHLOANTSE _____

NDOONR _____

SLICLAA _____

EAIMJ _____

KWSHNIA _____

OANWST _____

SEIGL _____

EERD _____

National League Relievers Word List

BENOIT	MEJIA
CASILLA	MELANCON
CHAPMAN	PAPELBON
CISHEK	REED
GILES	RONDON
HAWKINS	ROSENTHAL
JANSEN	STOREN
KIMBREL	WATSON

National League Relievers

```
            F N R                                 Q T O
          A I T P O W                         Y K W N R Q
      Q Q C I Q M N A Q                 H X M N E E L H E
      P J N Z A Z I D F                   F F O H E H K B J
      Z C A Z J N F C O V              G V B S D J I S C D
      C C L J P T O N U N               O L B A J M K L I A
      N U A L L I S A C Z E           S E A H X B J N U V C
        F V H O U X H W G X V P Y H Q R Y A W S O F
          B M R X R P Z P N A W N J E T D W K S X
            W E W P A W P A E N L H T V L
              J T B T S P S S A
            S G C I S X R R E W W M R
          S E Y M O D S S L F A K E G R
        V X M Y P N N S M I C Q Y I L Q T U E
      U C U P K Z E E L G H Z L K N A Z X W P N
      T H D K I W C B O R L V D N S N X L C W V
      B R O S E N T H A L Q C H L W R C O S Z G N O
      I N H H P X B U A     I D U     S D O H R A Z E Q
      R I G E D P D P B     K N N     P P N Q C I P R V
      U X Y T C M Q X       V Q E     Q B Q D J Q O C
      C H A P M A N         T Y S     T H P E I T C
        C G B F O           H E N       H L M P S
          X S I             Q C A         K G I
                            U Z J
                            M W S
```

57

National League Relievers Matching

First Name to Last Name Matching

1. _____ Craig   a. Kimbrel
2. _____ Aroldis   b. Reed
3. _____ Kenley   c. Benoit
4. _____ Steve   d. Watson
5. _____ Mark   e. Melancon
6. _____ Jonathan   f. Mejia
7. _____ Drew   g. Chapman
8. _____ Joaquin   h. Storen
9. _____ Trevor   i. Rosenthal
10. _____ Hector   j. Cishek
11. _____ Santiago   k. Jansen
12. _____ Jenrry   l. Papelbon
13. _____ LaTroy   m. Giles
14. _____ Tony   n. Hawkins
15. _____ Ken   o. Rondon
16. _____ Addison   p. Casilla

Answers are on page 152

Catchers

Have fun unscrambling these words.
Answers are on the next page.

MTANIR _____

SNRROI _____

AIRORSO _____

NDDUARA _____

MSORA _____

WEITRES _____

LDARGAN _____

NOAILM _____

EPREZ _____

STGIAT _____

NACMCN _____

EGOMS _____

SERCOOMA _____

RYLUCO _____

PSYOE _____

Catchers Word List

DARNAUD	MOLINA
GATTIS	NORRIS
GOMES	PEREZ
GRANDAL	POSEY
LUCROY	RAMOS
MARTIN	ROSARIO
MCCANN	WIETERS
MESORACO	

Catchers

```
                        P Q
                      U F O L
                      F R Z K S W
                    U J W Z E R E P
                  T R Y I E H V R Y R
                O Z M N E D N O R R I S
                O J I A B T W U U M I W F H
              P A E I R W E R V A P C G W F M
            D F I W C T A R H G Y N A S O M A R
          T F F N A N I W S R L A V R M X P E K X
          P S K E I A N D A O E P H O A K O H K P
            L U C R O Y N C P R Z U A J D F A L
              W Z Y J D L O W F X N M C H C M
                A G A T T I S B I C P C Y E
                  L N S I I E L C R X Z S
                    K X E F O A B O V O
                      X M M N A Q W R
                        W N O V Q A
                          K C G C
                            C O
```

Catchers Matching
First Name to Last Name Matching

1. _____ Russell   a. Norris

2. _____ Derek   b. Rosario

3. _____ Wilin   c. Mesoraco

4. _____ Travis   d. Perez

5. _____ Wilson   e. Posey

6. _____ Matt   f. Gomes

7. _____ Yasmani   g. Molina

8. _____ Yadier   h. Gattis

9. _____ Salvador   i. Lucroy

10. _____ Evan   j. d'Arnaud

11. _____ Brian   k. McCann

12. _____ Yan   l. Ramos

13. _____ Devin   m. Martin

14. _____ Jonathan   n. Wieters

15. _____ Buster   o. Grandal

Answers are on page 152

First Basemen

Have fun unscrambling these words.
Answers are on the next page.

INDL

LSPJOU

DADU

EFANRME

ERHSOM

ARUEB

RETAIEIX

ZEOGZANL

CRIAACNENON

BLTE

VDAIS

CABRARE

ZROIZ

TOOVT

TOHSLMCIDGD

First Basemen Word List

ABREU	GONZALEZ
BELT	HOSMER
CABRERA	LIND
DAVIS	PUJOLS
DUDA	RIZZO
ENCARNACION	TEIXEIRA
FREEMAN	VOTTO
GOLDSCHMIDT	

First Basemen

```
            D O
          K J H Z
        K L N T O Z
       I K A I L Y D I
      A H M A B Q V N E R
     U R E R K A X Z I W E J
    M M E Q N I E T R L U U D T
   E K R R R J Z T A N L F E T T T
Q J F L B H B K K J O H V R M L T S
X G Y A M A B O A T D I M H C S D L O G
K A M O F C Q D S N Y C P N N Q O A U W
  B R D J H U U T M M A E T T J U O U
    M I A D Z Y I E E N E B U Y T K
     A E V S L E L X R O P O T N
      G X I U Z E L A Z N O G
       Z I S F T Q C Y V S
        D E Z L T N C I
          Z T E Q E G
           L B P A
            T G
```

First Basemen Matching

First Name to Last Name Matching

1. _____ Adam   a. Votto
2. _____ Albert   b. Rizzo
3. _____ Lucas   c. Freeman
4. _____ Freddie   d. Duda
5. _____ Eric   e. Encarnacion
6. _____ Jose   f. Goldschmidt
7. _____ Mark   g. Cabrera
8. _____ Adrian   h. Belt
9. _____ Edwin   i. Lind
10. _____ Brandon   j. Davis
11. _____ Chris   k. Pujols
12. _____ Miguel   l. Teizeira
13. _____ Anthony   m. Hosmer
14. _____ Joey   n. Abreu
15. _____ Paul   o. Gonzalez

Answers are on page 152

Second Basemen

Have fun unscrambling these words.
Answers are on the next page.

LIRAWE _____

TLEUY _____

RAPOD _____

KOYRGO _____

YHPMUR _____

REWKLA _____

KKCIDNER _____

OGNW _____

ODNROG _____

IORPDAE _____

EIDZRO _____

PNIKIS _____

SENKRIL _____

LUEATV _____

CNOA _____

Second Basemen Word List

ALTUVE	LAWRIE
CANO	MURPHY
DOZIER	PEDROIA
GORDON	PRADO
GYORKO	UTLEY
KENDRICK	WALKER
KINSLER	WONG
KIPNIS	

Second Basemen

```
                  P  L
                A  R  E  V
             R  Z  A  K  N  K
          E  K  R  D  D  Z  Z  H
       L  Q  P  Y  O  Y  K  W  K  N
    S  I  J  C  E  P  J  Y  S  P  O  D
 N  S  W  Q  D  A  H  Q  F  N  O  D  L  B
 I  D  G  H  Z  K  M  X  T  P  W  R  R  A  W  R
 K  W  O  N  G  P  E  D  R  O  I  A  A  O  W  E  E  U
 N  E  H  K  K  I  P  N  I  S  F  R  L  A  G  R  T  K  X  C
 U  C  E  G  M  Z  N  D  P  D  F  T  A  U  K  I  F  L  S  X
 Z  P  K  Y  W  F  R  B  Y  U  O  A  T  L  E  K  A  M
 X  R  O  O  X  I  X  V  V  N  K  Y  O  H  H  W
    G  Z  O  R  C  E  R  M  A  I  A  N  Y  T
       Y  Y  C  K  C  E  U  C  H  C  X  J
          Y  G  A  O  I  R  S  C  G  Q
             E  H  N  Z  P  I  Z  P
                L  A  O  H  D  G
                   T  D  Y  R
                      U  K
```

Second Basemen Matching

First Name to Last Name Matching

1. _____ Brett   a. Lawrie

2. _____ Chase   b. Utley

3. _____ Martin   c. Gyorko

4. _____ Jedd   d. Pedroia

5. _____ Daniel   e. Prado

6. _____ Neil   f. Wong

7. _____ Howie   g. Walker

8. _____ Kolten   h. Gordon

9. _____ Dee   i. Murphy

10. _____Dustin   j. Kendrick

11. _____Brian   k. Dozier

12. _____Jason   l. Kipnis

13. _____Ian   m. Cano

14. _____Jose   n. Kinsler

15. _____Robinson   o. Altuve

Answers are on page 152

Third Basemen

Have fun unscrambling these words.
Answers are on the next page.

DOHAMCA　　　_____

TBYNRA　　　_____

ANCETRREP　　　_____

IHTWRG　　　_____

NLDVAAOS　　　_____

IZNAMERMM　　　_____

ATNNAAS　　　_____

IVADS　　　_____

IFRRZEA　　　_____

NIROGLOA　　　_____

ERAESG　　　_____

AAEDRON　　　_____

ERETLB　　　_____

NOONSDALD　　　_____

RDNNOE　　　_____

Third Basemen Word List

ARENADO	MACHADO
BELTRE	RENDON
BRYANT	SANDOVAL
CARPENTER	SANTANA
DAVIS	SEAGER
DONALDSON	WRIGHT
FRAZIER	ZIMMERMAN
LONGORIA	

Third Basemen

```
                    C W
                  L N T V
                Q Z O K N A
              K B F D N N A Y
            T B K W N Z G N Y P
          B E B H M E N A O S R G
        A L F K K K R M N O R K B O
      N T K G R K K R R E T L I V D X
    W R I G H T A E R E G A E S A A T C
  B E V L U Q X M Z J T S A N T A N A N X
M Q A Y B E M W U I N C G I L C E C A W
    A V I M I V P L J E K H H V R R U J
      C D Z C H D A O P R U Q N S A X
        H A J H X V W R Q C Q N Q Q
          A V Q D O N A L D S O N
            D I E D Q C U G G K
              O S N D F J Y Q
                V A V I R I
                  S N R T
                    J C
```

Third Basemen Matching

First Name to Last Name Matching

1. _____ Manny   a. Beltre

2. _____ Kris   b. Sandoval

3. _____ Matt   c. Longoria

4. _____ David   d. Bryant

5. _____ Pablo   e. Frazier

6. _____ Ryan   f. Seager

7. _____ Carlos   g. Arenado

8. _____ Chris   h. Wright

9. _____ Todd   i. Rendon

10. _____Evan   j. Zimmerman

11. _____Kyle   k. Donaldson

12. _____Nolan   l. Davis

13. _____Adrian   m. Santana

14. _____Josh   n. Carpenter

15. _____Anthony   o. Machado

Answers are on page 152

Shortstops

Have fun unscrambling these words.
Answers are on the next page.

AKGN _____

BZAE _____

ERAGUS _____

DARHY _____

TROIZSB _____

SNRUAD _____

ARCTSO _____

ATELRPA _____

BOETGARS _____

ERZIMRA _____

RLLNOIS _____

ERSYE _____

RIERAMZ _____

MOENDDS _____

ZITOUKWLIT _____

Shortstops Word List

ANDRUS	RAMIREZ
BAEZ	RAMIREZ
BOGAERTS	REYES
CASTRO	ROLLINS
DESMOND	SEGURA
HARDY	TULOWITZKI
KANG	ZOBRIST
PERALTA	

Shortstops

```
                    R A
                  J A B A
                S R M K N Q
              H R N I X D A Y
            H S G Y R Z R V Z K
          C N N O D E Y U I Z P Y
        J N N I O R Z P S E Y E R T
      S Z N Y L Z A L M N P F A A O A
    R H F E D L Z H T K C M G U O B G V
  H O W C L T O S Y T S I R B O Z D V L K
  K U E M N F R T L Z Z C O P Z R C L T L
    P R N O L T R O I A F Z A Z U G U H
      E N T I E E D N O M S E D C L A
        R Q C Z A S Y W B R K A O R
          A N S G Z X J I C S W U
            L F O B K M U T I G
              T B Z A X R T E
                A R N O Z S
                  R G K N
                    I W
```

Shortstops Matching

First Name to Last Name Matching

1. _____ Jung Ho   a. Desmond

2. _____ Javier   b. Andrus

3. _____ Jean   c. Peralta

4. _____ JJ   d. Rollins

5. _____ Ben   e. Reyes

6. _____ Elvis   f. Castro

7. _____ Starlin   g. Tulowitzki

8. _____ Jhonny   h. Baez

9. _____ Xander   i. Ramirez

10. _____ Alexei   j. Hardy

11. _____ Jimmy   k. Ramirez

12. _____ Jose   l. Bogaerts

13. _____ Hanley   m. Kang

14. _____ Ian   n. Segura

15. _____ Troy   o. Zobrist

Answers are on page 153

Outfielders

Have fun unscrambling these words.
Answers are on the next page.

RLOSE _____

AZUON _____

NZMAETRI _____

CZUR _____

OHCO _____

RUEBC _____

HTREW _____

IYOAHLDL _____

THANLOIM _____

EHWDRYA _____

ERMTA _____

RAUBN _____

MPKE _____

TUOPN _____

RGENIRSP _____

Outfielders Word List

BRAUN	MARTE
BRUCE	MARTINEZ
CHOO	OZUNA
CRUZ	SOLER
HAMILTON	SPRINGER
HEYWARD	UPTON
HOLLIDAY	WERTH
KEMP	

Outfielders

```
              Y O T                                       D S F
          H D A P Q F                                 N O T P U G
      V J J O D W P V S                           L O Z M J H E R T
      B F Q L E I P P C                             U I N K E D T Y B
      F Z H P W P L H F B                       P F N O Y Z T J J T
      A Q F G U I O L L Y                         X M R W X X A W M F
      B F P P V O J Y O H U               B Y A A I A O W T B P
        F X I E Z L J R H I A S U R R L A Q B H P S
          U D B N I I P H O P R D T K A V Z Y G R
            Z N R H M A R T E P I B X B F
              N S I R D J C N R
            V C Y N I H E T C E A M M
          Q S U G R Y C L L H Z U F K P
        M M K R E K W I R Y U O K N L O B Y V
        Y K R A R R P P R T W Z T S V C R L Z F E
        V U N A D M B X M Y D L W S S B L X P A W
      G Q R N K H B R U C E N O T L I M A H S L Y E
      A M U F T E I S I         E K Q     W S C V H B S S L
      M Z L R C P B E O         X V N     J C D H J H Y F E
      O T E R Q E B J           C A W       H Z J Y Z E S F
      L W U G E B S             U H A         H R L H E Q N
        Z O E J K               C K N           J B T I L
          W G C                 B I N             A R K
                                A A M
                                P F G
```

Outfielders Matching

First Name to Last Name Matching

1. _____ Jorge   a. Martinez

2. _____ Marcell   b. Holliday

3. _____ JD   c. Upton

4. _____ Nelson   d. Heyward

5. _____ Shin-Soo   e. Soler

6. _____ Jay   f. Springer

7. _____ Jayson   g. Cruz

8. _____ Matt   h. Choo

9. _____ Billy   i. Braun

10. _____ Jason   j. Bruce

11. _____ Starling   k. Hamilton

12. _____ Ryan   l. Ozuna

13. _____ Matt   m. Marte

14. _____ Justin   n. Werth

15. _____ George   o. Kemp

Answers are on page 153

Outfielders Too

Have fun unscrambling these words.
Answers are on the next page.

PDSECESE _____

LYCIEH _____

ESRCODIKN _____

NCEPE _____

GOZLZENA _____

RYLBSELU _____

PRAREH _____

TRABNLYE _____

JOSNE _____

PGUI _____

TAISABTU _____

EOZMG _____

NAOTSTN _____

CTCENHCUM _____

URTTO _____

Outfielders Too Word List

BAUTISTA	JONES
BRANTLEY	MCCUTCHEN
CESPEDES	PENCE
DICKERSON	PUIG
ELLSBURY	STANTON
GOMEZ	TROUT
GONZALEZ	YELICH
HARPER	

Outfielders Too

```
            H S B                                    A Z X
          T Y C J A N                            U I H S I B
      S F J D O S U N G                      V R B A C M S I B
      D Z G Y N R T T P                      H D Z X I C M B L
      V E C N E P W A I I                    Y K E Z V L U C V Z
      S Z J Z S L N K N S                    U L Z J W E O W K H
      P P Y X A J T Y H T T        O A N N W E Y K Q H U
        T F W L H M N D N O A Z T G E W Y K R J D T
          I N J X L S A R T N E P Z D X C B O I Q
            T X W E I R O K Y Q K S A F O
              D J G B V C R X R
              R P E C G X M P S A Y D V
              P L Y P J I H A N V C R Z Q Z
          W Y X G H S X L Q O F W P U I G D F J
        U B P O K H E C G S N U K J W T M S K Y J
        S S M T A K C F R C E L L S B U R Y B J A
      S T E V R V R B E N M H K N X E E T R O U T M
      O Z F P Y T I K D     L C K     D C T N T R C O K
      V D E E J S C K N     B T A     W T S O U K Y L Z
      J R L T U I C Y       E U Z     X L Y G B T J A
      W C F A D G X         U C Z       K T L K F H U
        U G S G M           K C M       U B F S Y
          Q F Y             B M J         Z L B
                            L D H
                            J F R
```

Outfielders Too Matching

First Name to Last Name Matching

1. _____ Yoenis   a. Bautista
2. _____ Christian   b. Gonzalez
3. _____ Corey   c. Dickerson
4. _____ Hunter   d. Jones
5. _____ Carlos   e. Gomez
6. _____ Jacoby   f. Yelich
7. _____ Bryce   g. Pence
8. _____ Michael   h. Brantley
9. _____ Adam   i. Giancarlo
10. _____ Yasiel   j. Ellsbury
11. _____ Jose   k. Puig
12. _____ Carlos   l. Harper
13. _____ Stanton   m. McCutchen
14. _____ Andrew   n. Trout
15. _____ Mike   o. Cespedes

Answers are on page 153

Hall of Fame Pitchers

Have fun unscrambling these words.
Answers are on the next page.

MTLSZO _____

EZTRMAIN _____

ONNOHJS _____

MDDUXA _____

NIVAGLE _____

VBELNEYL _____

OAGESSG _____

UETRTS _____

EYSKEECLR _____

NAYR _____

STTNOU _____

RKONIE _____

IBNGNNU _____

ONLTCAR _____

EEARVS _____

Hall of Fame Pitchers Word List

BLYLEVEN   MARTINEZ

BUNNING   NIEKRO

CARLTON   RYAN

ECKERSLEY   SEAVER

GLAVINE   SMOLTZ

GOSSAGE   SUTTER

JOHNSON   SUTTON

MADDUX

Hall of Fame Pitchers

```
        H G S W X M G L K R R Q              T T R U T T
        L       D Q A S E T B                  F Z A R
        F       Y N C T F C B R                  Z S
        D       F A T R A S F D        R X      U Z
        N       X U D D A M U E        T W      E E
        T Q J S B S F W R C Q G C D S Q W L N N K E H K
        S C F M S F V H N E V N Y M Q J G N I N N U B H Z D
        D Z X A F R G K D V Y K O S A J W V H W S V E E Y E
        I V Q W J L H T A P Y L Q A D P A Z X Q W J N T A V
        H D O N M U W S Z V T T S Z F L F R K V C I S J F V
        P D J E J Z N K B Z V N E M G E E B H S T A G C E
        D J Z A N O T T U S G R I J H V C T W R P W R A G
        M S T J S W N V C P O Z Q E A R L K A N Y F J L Q
        V L R N K A N F D X S Z U E K N Z M E T Z S Z M T A
        Q E H U Y U B G T V S D S U V R V B Q R N H Y Z T O S
        G O W R E A R B P X A I S T N E O F D F S N S I A Q N R
        J B I M Y P H L Z F G N E V E L Y L B C Y L O N Z H X N C
          R G P N C     V E N A V     I L C X B     Y E P C V
          F F G         L Z L         B Q B         D Y T
```

Hall of Fame Pitchers Matching

First Name to Last Name Matching

1. _____ John   a. Ryan
2. _____ Pedro   b. Bunning
3. _____ Randy   c. Martinez
4. _____ Greg   d. Blyleven
5. _____ Tom   e. Johnson
6. _____ Bert   f. Seaver
7. _____ Rich   g. Eckersley
8. _____ Bruce   h. Niekro
9. _____ Dennis   i. Sutter
10. _____ Nolan   j. Carlton
11. _____ Don   k. Maddux
12. _____ Phil   l. Sutton
13. _____ Jim   m. Glavine
14. _____ Steve   n. Gossage
15. _____ Tom   o. Smoltz

Answers are on page 153

Hall of Fame Pitchers Too

Have fun unscrambling these words.
Answers are on the next page.

RFENIGS   _____

ERPRY   _____

MPLARE   _____

RHNUTE   _____

YESDADRL   _____

AHALMCRI   _____

IOBGSN   _____

ODRF   _____

HPANS   _____

OKAFUX   _____

PIEAG   _____

LFEREL   _____

NDEA   _____

OYUNG   _____

LNEMO   _____

Hall of Fame Pitchers Too Word List

DEAN	LEMON
DRYSDALE	MARICHAL
FELLER	PAIGE
FINGERS	PALMER
FORD	PERRY
GIBSON	SPAHN
HUNTER	YOUNG
KOUFAX	

Hall of Fame Pitchers Too

```
T L Z Q I T X X N S E E           C B S K H K
Y         R E M S Y Y Z           A R J Q
L         K O I G K A X F         E T
E         D X Y R V U X F     Q W G Z
L         V J S O K D K Z     F R N M
A U S S M T N L X U C I Z R M A I M S I H H L W
D Q F U D X T K L O N L V D E A N M J F N I Z N O T
S U A W C A U P C L I G O T S L S X X O X K F L S R
Y D K T I F V X M O G O W C X S L H M I W R R D V M
R A E X Q U R E U T B K P E R R Y E E Y O L G E U P
D C K L H O M A J L P S E K L G L C F X A Z W U F
K H R X U K E U X A Y V V S Z Q A P G D I N E Y Z
C K U V K J T S Y H T Q A J E U F E M U E T H Y Y
H U N T E R B D N C F O R D P G E G J D B I J A G X
D Z L P X A H K I I C H A G R U I P A L M E R H P A H
G Z R M H H H D Q R J H S A Z B N A P G G S Z G A S G S
U H J Z V F Q L K A Q W Z F S K M H P H D N Z F B B J Z Y
        W S B A Y   M D I U O   R J U B A   V A O Q J
        D X L       X F N       N K P       C X C
```

Hall of Fame Pitchers Too Matching

First Name to Last Name Matching

1. _____ Rollie   a. Palmer
2. _____ Gaylord   b. Drysdale
3. _____ Jim   c. Spahn
4. _____ Catfish   d. Paige
5. _____ Don   e. Hunter
6. _____ Juan   f. Feller
7. _____ Bob   g. Gibson
8. _____ Whitey   h. Young
9. _____ Warren   i. Marichal
10. _____ Sandy   j. Ford
11. _____ Satchel   k. Perry
12. _____ Bob   l. Fingers
13. _____ Dizzy   m. Lemon
14. _____ Cy   n. Koufax
15. _____ Bob   o. Dean

Answers are on page 153

Hall of Fame Catchers

Have fun unscrambling these words.
Answers are on the next page.

ARRTEC   _____

KSIF   _____

CHEBN   _____

MRDLIABO   _____

LLREEFR   _____

RRAEB   _____

MNALPLACAE   _____

EMCKYA   _____

OINBSG   _____

YCIKED   _____

Hall of Fame Catchers Word List

BENCH	FERRELL
BERRA	FISK
CAMPANELLA	GIBSON
CARTER	LOMBARDI
DICKEY	MACKEY

Hall of Fame Catchers

```
                    L  M
                    L  R
                 X  E  D  J
                 A  R  N  W
              V  P  R  G  F  J
              T  A  E  G  Z  B
B E N C H Q V H R F I V N R D P N A B G
Y Y Z Y O O P T R L U G Q B N D K A I X
    I A A D A L L E N A P M A C G G G O
      D Z L U B N B A A I Y C I Y O J
         R Q Z A T R D V N C B G E R
            A B Y E K C I D S P E K
         Z B B T C C H O N O L C H
         C V G M A L T N D G V U A L
         K B I J R O C D T D N U Y M G X
         W F U T O F L     N U L M Y H N
      O I I E X Z T        D D O U B U U
      S E R M K                C L L Z M
  K F M U                         X D C Z
  A J                                 X X
```

Hall of Fame Catchers Matching

First Name to Last Name Matching

1. _____ Gary   a. Campanella

2. _____ Johnny   b. Lombardi

3. _____ Carlton   c. Carter

4. _____ Ernie   d. Fisk

5. _____ Rick   e. Mackey

6. _____ Yogi   f. Dickey

7. _____ Roy   g. Bench

8. _____ Biz   h. Ferrell

9. _____ Josh   i. Gibson

10. _____Bill   j. Berra

Answers are on page 153

Hall of Fame First Basemen

Have fun unscrambling these words.
Answers are on the next page.

UMYARR _____

REEPZ _____

DEPACE _____

CEAWR _____

VYCECMO _____

LEERKBWLI _____

EIZM _____

RHGGEI _____

TBMLOEYOT _____

EDRNAOL _____

Hall of Fame First Basemen Word List

BOTTOMLEY	LEONARD
CAREW	MCCOVEY
CEPEDA	MIZE
GEHRIG	MURRAY
KILLEBREW	PEREZ

Hall of Fame First Basemen

```
                        Y F
                        X M
                    V   U F   G
                    T   C Y   T
                C   C   N T   H   K
                    M   M X   Q S   R
U Q R O N F O D U G Z C G E H R I G C B
M T Q V Z V F L R E Q N C L W P N N Y P
  N D P Y X V I R A Z R F W E R A C   K
    M P E J T E A A N I A Q A D A C
      Q L H P M Y L H O M J L M S
        M K I L L E B R E W R C
          U O F U Y B Z H G T L R C T
            P T P R A C E P E D A Q O T
          M B T S E Z T G C G W U C V G X
            G B O G L M N       K E V S E B D
      L X N B I U T               P E C Y B J Y
        U U I F G                   G A Y Q E
  U W J M                               H M L D
  C F                                       Y M
```

101

Hall of Fame First Basemen Matching

First Name to Last Name Matching

1. _____ Eddie   a. Killebrew

2. _____ Tony   b. McCovey

3. _____ Orlando   c. Carew

4. _____ Rod   d. Gehrig

5. _____ Willie   e. Bottomley

6. _____ Harmon   f. Cepeda

7. _____ Johnny   g. Leonard

8. _____ Lou   h. Mize

9. _____ Jim   i. Murray

10. _____ Buck   j. Perez

Answers are on page 153

Hall of Fame Second Basemen

Have fun unscrambling these words.
Answers are on the next page.

BIOIGG   _____

RLZAZIE   _____

MALORA   _____

NARGOM   _____

DGROON   _____

REDOR   _____

DNREBASG   _____

NIRONOSB   _____

OZAISREMK   _____

SYROHNB   _____

Hall of Fame Second Basemen Word List

ALOMAR LAZZERI

BIGGIO MAZEROSKI

DOERR MORGAN

GORDON ROBINSON

HORNSBY SANDBERG

Hall of Fame Second Basemen

```
                        R   U
                        R   I
                    K   G   G   D
                    X   R   S   N
                T   B   A   O   U   R
                Q   N   D   R   B   I
Z   G   O   R   D   O   N   D   O   M   A   P   I   S   A   M   B   O   C   O
G   L   P   L   S   V   B   E   C   K   M   E   G   N   U   U   W   I   X   R
    L   A   V   U   E   R   O   H   I   O   H   F   C   S   A   Y   A   O
        S   Z   R   R   K   D   K   Z   L   M   B   T   A   O   Z   X
            G   Z   G   N   S   V   A   A   T   I   H   A   B   N
                N   E   O   C   K   J   W   H   G   A   G   F
            D   C   R   R   C   P   E   T   Q   G   X   N   E   V
            D   E   U   A   I   Y   U   T   R   I   S   A   T   I
            U   Z   F   G   Y   Y   B   S   N   R   O   H   G   X   U   P
            A   L   Q   T   B   Z   E               V   B   H   R   B   W   D
        M   R   X   C   L   R   W                   H   B   O   O   Z   L   O
            T   R   L   P   B                           M   N   U   Q   W
P   O   B   K                                                   D   Y   T   J
I   Y                                                                   A   M
```

Hall of Fame Second Basemen Matching

First Name to Last Name Matching

1. _____ Craig   a. Sandberg

2. _____ Roberto   b. Robinson

3. _____ Joe   c. Gordon

4. _____ Ryne   d. Biggio

5. _____ Bill   e. Lazzeri

6. _____ Tony   f. Morgan

7. _____ Joe   g. Doerr

8. _____ Bobby   h. Mazeroski

9. _____ Jackie   i. Hornsby

10. _____Rogers   j. Alomar

Answers are on page 153

Hall of Fame Third Basemen

Have fun unscrambling these words.
Answers are on the next page.

GSOGB _____

OSATN _____

OOIMTLR _____

TEBRT _____

CDSIMHT _____

IRNNBOOS _____

LLEK _____

SHEMTWA _____

NDGEIDARD _____

TDNSIMORL _____

Hall of Fame Third Basemen Word List

BOGGS   MATHEWS

BRETT   MOLITOR

DANDRIDGE   ROBINSON

KELL   SANTO

LINDSTROM   SCHMIDT

Hall of Fame Third Basemen

```
                    A   E
                    T   S
                S   C   C   P
                K   D   U   C
            I   H   L   M   Q   U
                O   P   C   F   B   K
S R A B W Q V B U L H M S N J B O G G S
D G N O S N I B O R C O Z M Q N S T U S
  V J S R I F B M F T R R S C E O O R
    M D S S C H M I D T N J S D T Z
      A B Y Y C H M L S K J Y N P
        T D A N D R I D G E A E
        M Z H J J O Y P N T S D Q W
          J D A E T R U T I T G J O Y
            Y K D L I W S P L L E W H V Z M
            B T L L A W S         T R A P M B S
          U V E O M G A             B R H A B Z D
          U K M H M                   K L U D Q
      H B C X                             B Z V Q
      F X                                     V S
```

109

Hall of Fame Third Basemen Matching

First Name to Last Name Matching

1. _____ Wade   a. Mathews

2. _____ Ron   b. Brett

3. _____ Paul   c. Santo

4. _____ George   d. Molitor

5. _____ Mike   e. Dandridge

6. _____ Brooks   f. Robinson

7. _____ George   g. Schmidt

8. _____ Eddie   h. Boggs

9. _____ Ray   i. Kell

10. _____ Freddie   j. Lindstrom

Answers are on page 153

Hall of Fame Shortstops

Have fun unscrambling these words.
Answers are on the next page.

INKLRA _____

NERKIP _____

MSHTI _____

TYOUN _____

RITUZOZ _____

NGUVAAH _____

ERESE _____

CAIORIPA _____

ASKBN _____

ERNWAG _____

UEBASRDUO _____

Hall of Fame Shortstops Word List

APARICIO RIZZUTO

BANKS SMITH

BOUDREAU VAUGHAN

LARKIN WAGNER

REESE YOUNT

RIPKEN

Hall of Fame Shortstops

```
                    H J
                    K R D A
                  Z N I T I W
                  U T W P R N T O
                A A B K K P T U M B
              U G P T H E S R Q O U C
            O E M A E F N L N E R Y Q E
          P G D F R M S A X F I N B I Q C
      F Z N U U I Q K H O Z I E G L A S E
      P R N U Q A C W M G Z L W Q I A N M O U
      A X G V M E I L K U M Q S M E F W I U Q
        K X Q A R O F T A S F E J G U R T U
          J M F D Z O F V N F S B G H W H
            R S U Q V W H I K E U F P E
              Z O S M T J Y X E L W Z
                B U K C N I K R A L
                  V T N Q N H M Q
                    J D A W V K
                    P Y B D
                    D F
```

Hall of Fame Shortstops Matching

First Name to Last Name Matching

1. _____ Barry   a. Larkin

2. _____ Cal   b. Aparicio

3. _____ Ozzie   c. Wagner

4. _____ Robin   d. Banks

5. _____ Phil   e. Smith

6. _____ Arky   f. Reese

7. _____ Pee Wee   g. Vaughan

8. _____ Luis   h. Boudreau

9. _____ Ernie   i. Ripken Jr.

10. _____ Honus   j. Rizzuto

11. _____ Lou   k. Yount

Answers are on page 153

Hall of Fame Outfielders

Have fun unscrambling these words.
Answers are on the next page.

DNAOWS _____

CREI _____

DNHNRESOE _____

YGNWN _____

FEINIDWL _____

TUTEKPC _____

ODBY _____

NUBARSH _____

NJSOKCA _____

ZSITKSAMEYR _____

TELRAGSL _____

SAGTUELRH _____

OBKCR _____

SORNNIBO _____

ARAON _____

AMYS _____

Hall of Fame Outfielders Word List

AARON	MAYS
ASHBURN	PUCKETT
BROCK	RICE
DAWSON	ROBINSON
DOBY	SLAUGHTER
GWYNN	STARGELL
HENDERSON	WINFIELD
JACKSON	YASTRZEMSKI

Hall of Fame Outfielders

```
                  U B G
              K U O R Y I Y G G
            Y Z K H R L F Y M W F D Z
          G H K R W D B I G L Y O B H Y U D
        A U V N O S K C A J N O Z N A T U W H
        Q V R G Z T Y J H E N D E R S O N Y S T X
        D P D N M Z T X K I X P T W I S R B X D
      A R P Z E O       C I H V R       L W I I N I
      S M L J R S       V P I Z D       N O A A J L
    T Z E T E T Y W E R Z K E N C R D O O Y G D P D Q
    R E T H G U A L S P O M D J Q W B Y R J S A H K P
    C Q S T C W S Z I U S B X N J E S D A B K V P M F
  P L C O T S H O V V K B N I E D P U Y A X T G Y Q Z X
  U K X Q E J N T N I C J G K N U K S P A H I D Y T L V
  M L S J K O I O G T O V Z N O S L N O B M E I O I H Z
    J V X C   X Q P A R U E Q T G O V I V P   H H X X
    K G U U       E X K B Q R U O M R N G H     J V D V
    X G V P A     N N V G L Q F E S G X       X K D D R
      A D A C K                               R D O G G
      T T N U R K                             Y L B T H M
        S N L Z V Z G L J N R U B H S A E Y U E M
        A J R N C E Z H P S Z T O L W I B M L L M
          V V M Y L L E G R A T S D F I G E U A
            O T W G H B C N X B X N H G H K Q
              Z E K U G I T I I M I G L
                N J A I R W Y F O
                      P C J
```

Hall of Fame Outfielders Matching

First Name to Last Name Matching

1. _____ Andre   a. Slaughter
2. _____ Jim   b. Ashburn
3. _____ Rickey   c. Stargell
4. _____ Tony   d. Winfield
5. _____ Dave   e. Brock
6. _____ Kirby   f. Aaron
7. _____ Larry   g. Jackson
8. _____ Richie   h. Puckett
9. _____ Reggie   i. Mays
10. _____ Carl   j. Gwynn
11. _____ Willie   k. Yastrzemski
12. _____ Enos   l. Robinson
13. _____ Lou   m. Doby
14. _____ Frank   n. Henderson
15. _____ Hank   o. Rice
16. _____ Willie   p. Dawson

Answers are on page 154

Hall of Fame Outfielders Too

Have fun unscrambling these words.
Answers are on the next page.

AMENLT _____

TECNLEEM _____

SLIMUA _____

WIILSAML _____

AGIMGOID _____

HTRU _____

BCBO _____

STMOAH _____

SDIREN _____

LENKAI _____

LKENI _____

NEWRA _____

ROES _____

SIWLIAML _____

VRINI _____

WNBOR _____

Hall of Fame Outfielders Too Word List

BROWN	MUSIAL
CLEMENTE	ROSE*
COBB	RUTH
DIMAGGIO	SNIDER
IRVIN	THOMAS
KALINE	WANER
KLEIN	WILLIAMS
MANTLE	WILLIAMS

- Unofficial hall of famer

Hall of Fame Outfielders Too

```
                        H W Y
                  X P E I K O D Z L
                I W O L K J I V W W U G Q
              W Y A F Y R E W I H K F I R Q B Y
            Y C D O B O S W F U T R M S W L J R D
          F H W T K S O I X I D F E Y Q U I Z C H N
        N T H T U R H K A K L T N B T F Q V F L U
      T S V W M U       O C A P A       K D K Y L O
      I S E I F D       T H F N W       L L K I W A
    P P R E L T K F E Y R N L Q B X T U E Z M T S W T
    E J V V L Q B Q L P L H X J N D Z I W Z T V S I Y
    J M B W I H O W G K F D T R E T N E M E L C R L Y
  K N Q R T A N D M L C L M B S J E D D N P C N K Q O H
  F K T O O M S B X U F Q C M N S A M O H T D B S Z W A
  W S S W E S B H N T S O D X Z K N U S O B W F M Z N Q
    T L N N   F J H Y N I J S T F X H Z D P   R A Z S
    M J O I       P O I G G A M I D J U A W       X I W X
    O J R L D     S F N Z G L X O X B Q           T L L T Y
      F A A O E                           Z X P L T
      P Q K P T R                         G C C U I U
        L B B O C M O Z A E P T Q D S B E C W W W
          N Y Q G U E L T N A M U O Y O W V A K Y R
            B T P L N F B O J Z T R T U T H Z Q S
              A K O Q K U B H W L T S H Q H T F
                C U M W J X L J L G D J R
                  D H S A V G S S H
                    F V O
```

Hall of Fame Outfielders Too Matching

First Name to Last Name Matching

1. _____ Mickey   a. Snider
2. _____ Roberto   b. Kaline
3. _____ Stan   c. Mantle
4. _____ Ted   d. Cobb
5. _____ Joe   e. Clemente
6. _____ Babe   f. Klein
7. _____ Ty   g. DiMaggio
8. _____ Frank   h. Thomas
9. _____ Duke   i. Rose
10. _____ Al   j. Irvin
11. _____ Chuck   k. Brown
12. _____ Paul   l. Ruth
13. _____ Pete   m. Williams
14. _____ Billy   n. Williams
15. _____ Monte   o. Waner
16. _____ Willard   p. Musial

Answers are on page 154

World Series Winners

Have fun unscrambling these words.
Answers are on the next page.

YAOLSR _____

TIGSNA _____

ERXOSD _____

ANDLSCRIA _____

EASNKEY _____

SLILEHIP _____

HOTEISXW _____

MRIASLN _____

GSNALE _____

OSKDACNDIMBA _____

ABSEVR _____

JSBALEYU _____

SNTIW _____

SERD _____

CSLIAETTH _____

World Series Winners Word List

ANGELS (2002)

ATHLETICS (1989)

BLUE JAYS (1993, 1992)

BRAVES (1995)

CARDINALS (2011, 2006)

DIAMONDBACKS (2001)

GIANTS (2014, 2012, 2010)

MARLINS (2003, 1997)

PHILLIES (2008)

REDS (1990)

RED SOX (2013, 2007, 2004)

ROYALS (2015)

TWINS (1991)

WHITE SOX (2005)

YANKEES (2009, 2000, 1999, 1998, 1996)

World Series Winners

```
                        G Q D
                    L V P D Z D Y E E
                Y G K N H P J C X I X J X
            Q W D P M D I A M O N D B A C K S
              H Z V H H Z W L N C J R W J A C N J P
            D W M U W T A S L C M Y O B M N E Q C U C
            A S G A S U B U I X L H Y Q U Q V G S X A
        Q P S W W T         E E H G A         U H E L C J
        K L Z M J K         S P U S L         B K E I C T
        S L A N I D R A C F Z A X L S W Y L G Y K R R B F
        X A R S T N A I G C U Y K E M N U L L X N H F A Y
        Q H N R Q I V I L C R I W G K E Z M O Z A Q N Y O
        H U M N Z U O M C P C M A B N J A A S A H Y Q B D Z
        R G D R O P Q W P W D S S U A U R E P N D I H W U L C
        D E N B Z W G A B V U G C Y Y L T M C O L P Z P J C K
        I D Z R   N X A D F C S H I I V L H L Q   Q L T D
        F K S C   X J Y Z F Y N H M D T W U     S F P E
        A G Y O J   W U T P S W W N P S B     N X M C H
        T N B X M                           I L K F W
        X Y R R M D                         W N B S C N
        W E A A Z B O Z S C I T E L H T A I O D L
            P D J E V Y N B M R C G N Y E U S Z Q P X
            S A D F E S N B X X U Z Z B H T T X O
            X R A O S W J Y T G U J V R S M T
              I P M D S A W W J C J Y T
                P X M D B H X G V
                    N M Q
```

ANSWERS TO WORD SEARCHES

All in the Game

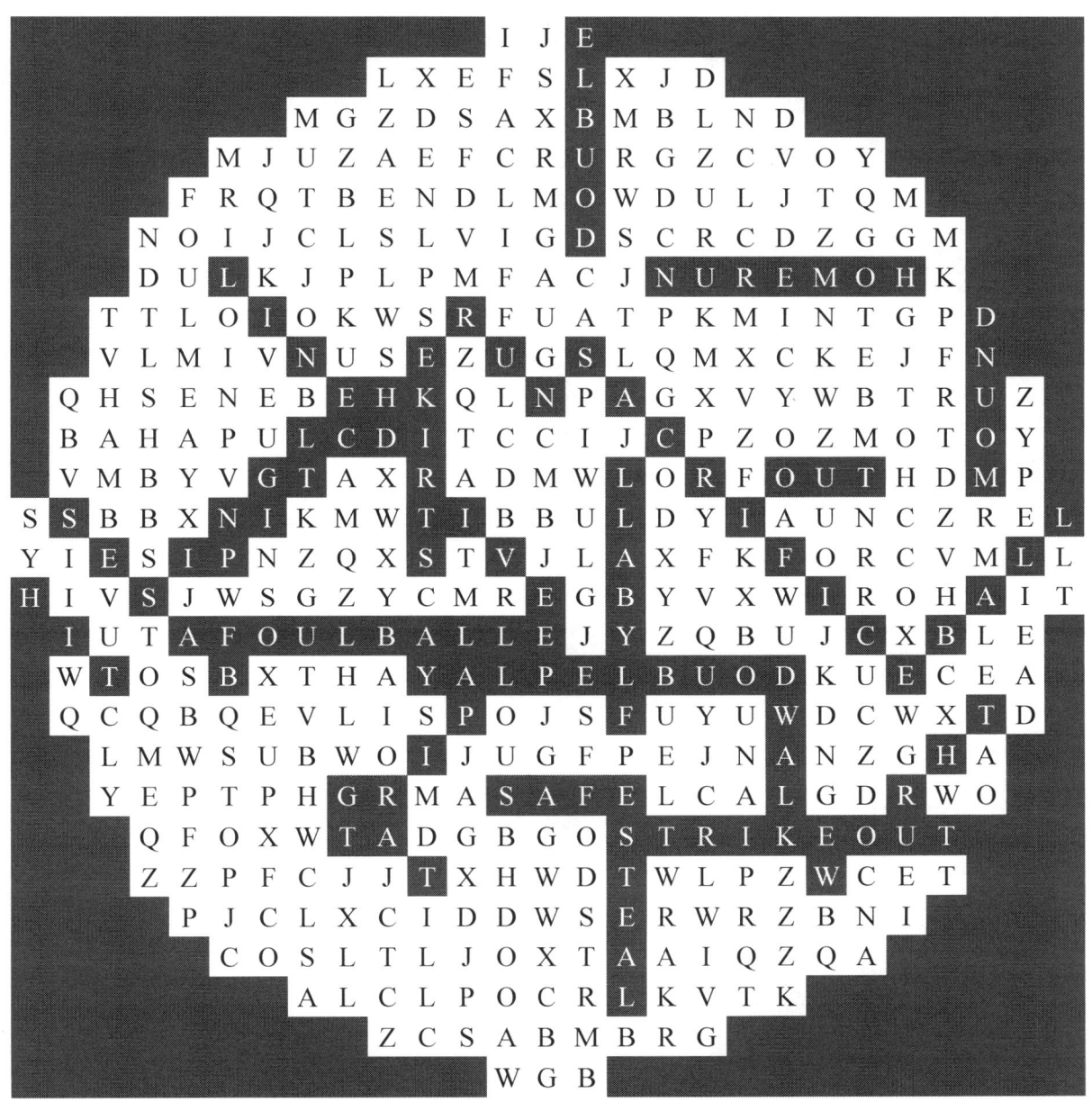

Baseball positions

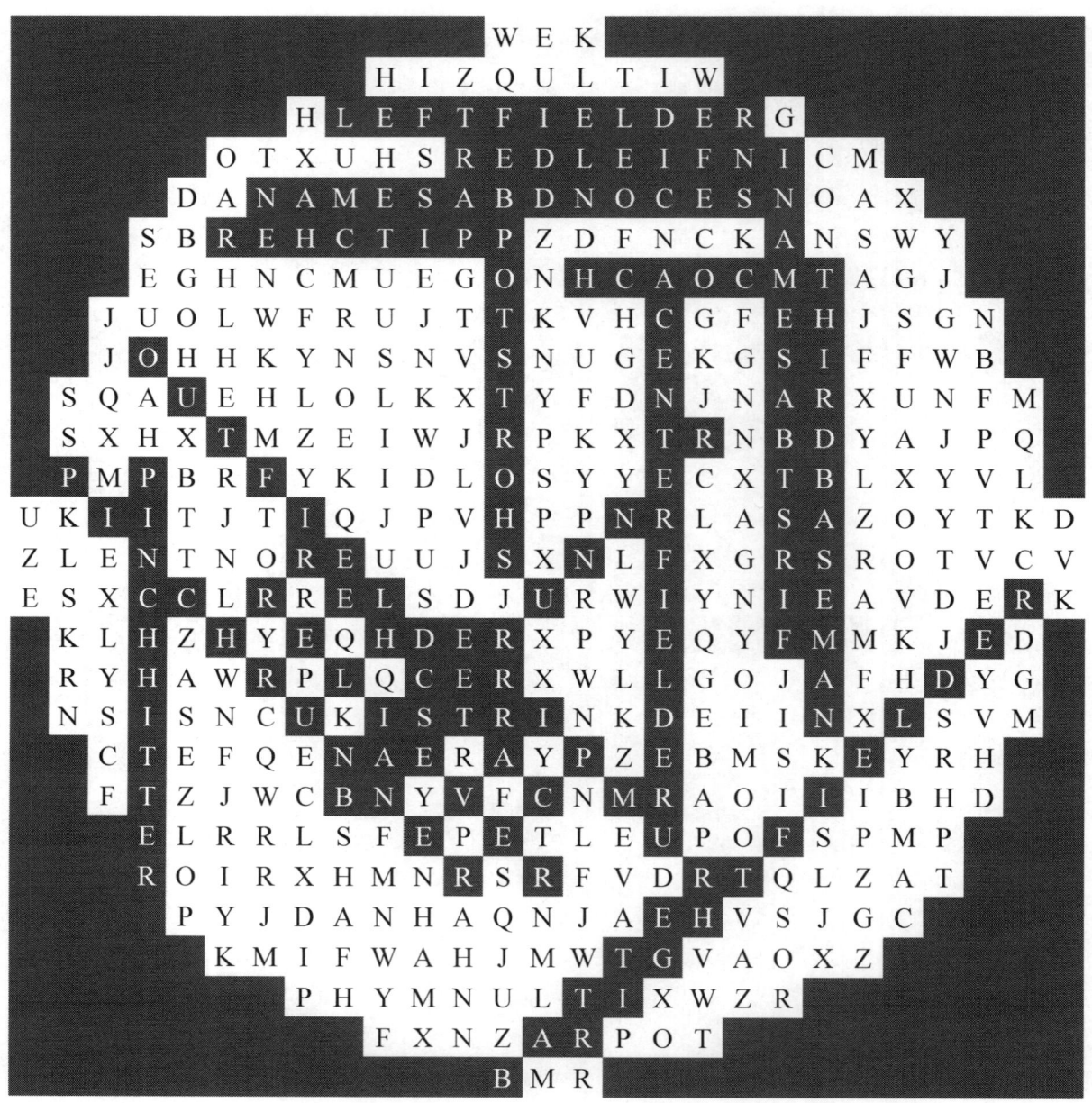

American League Teams

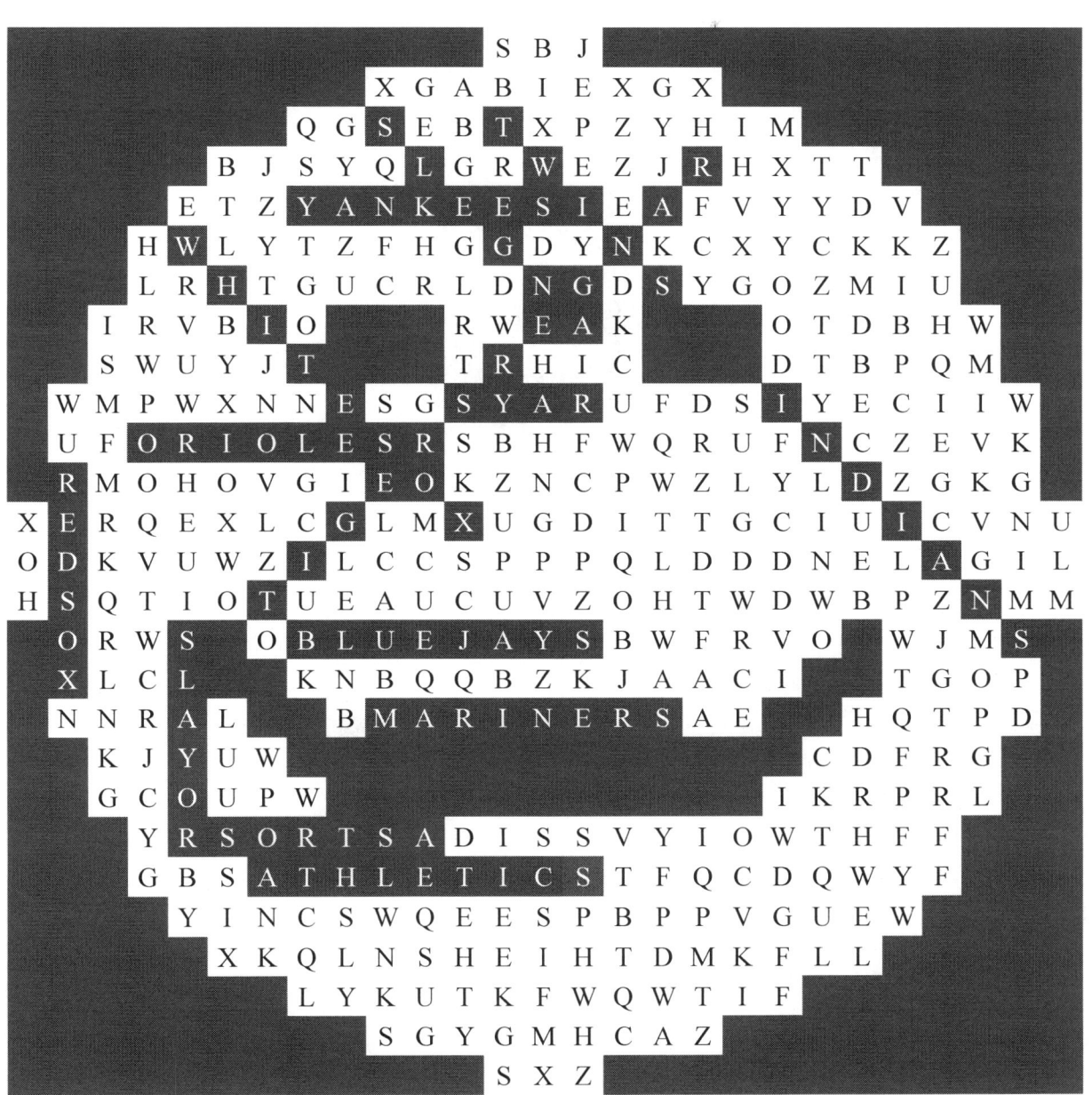

National League Teams

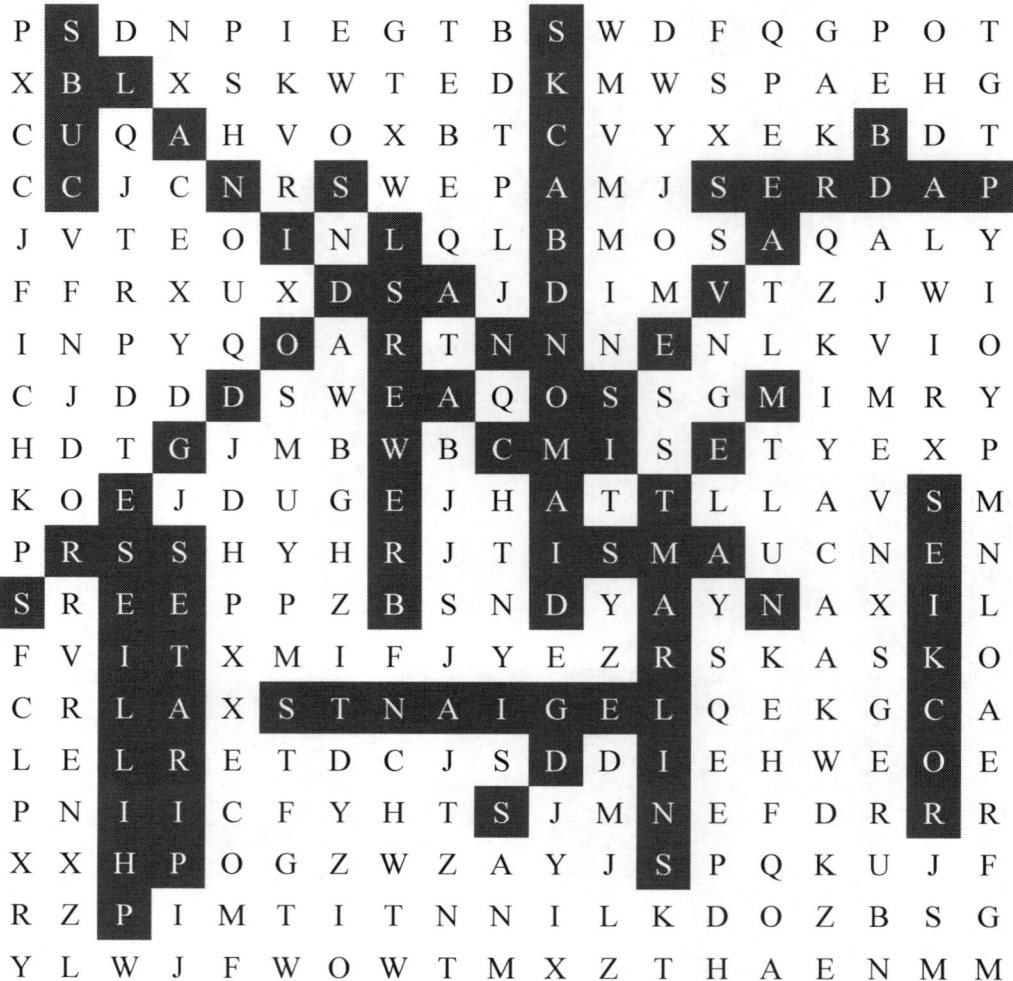

American League Cities

National League Cities

American League Stadiums

National League Stadiums

```
M I L E F D F Z C F X T U N N O Y E I C C K R U K
U O K J E L V T D N E M E B Q C L X M J H C P R F
H O N A P Z G Q V C I T I Z E N S B A N K P A R K
A I P T E D K S H H H X Z E H W R Y V S E P X L S
H X L T R N H M T I A W S J J Q J I N P L N Z G P
H A N P J W L I A T H B D L E I F Y E L G I R W V
Q X G A J D D L A Z I S B G X W G Q A J D X J Y Y
T K J R N K M L Z C W Q S U R E K B Y I O I B E H
T Q W K B E O E G N Q R I L V O N G I Z D B Z T D
K V I O P T C R B U S C H S T A D I U M G N M W L
F R Q U P U C P M H O N L P C Q C B B Y E I C L E
V P A T R A Y A C Z F W Q I O C V I I O R U A F I
M B V P W L V R T O I F R Y Y I T F C C S M S W F
C Q P E S X W K Y X O E K R K D B X F I T W L N E
J M D T K L U Q C K M R N U M Y I D X H A G X C S
S Z M C J X A V K A V N S A J L X W N D D T I E A
D O W O H E L N T Z C I R F D K A D Y P I K N N H
B S I P A C K A O I D L A V I J Q R B X U R U W C
W O W A X Q E H T I I E X D X E F J D B M A B E M
J P Q R G R Z I A N T S P J J A L K T R V P C M J
N T U K G Q F O S C C A W W G N V D U F R C Y C B
Q O G F M I C P T V D B N T N H Z Y S R U N W F H
G M O M E L A C J V D T Z R W C M L Q Z I P Q R D
S L L E R C B J E K T A W E A H S N Q C I T R S
G A D T K V N L M Q U Y B L T U R N E R F I E L D
```

American League Pitchers

National League Pitchers

American League Relievers

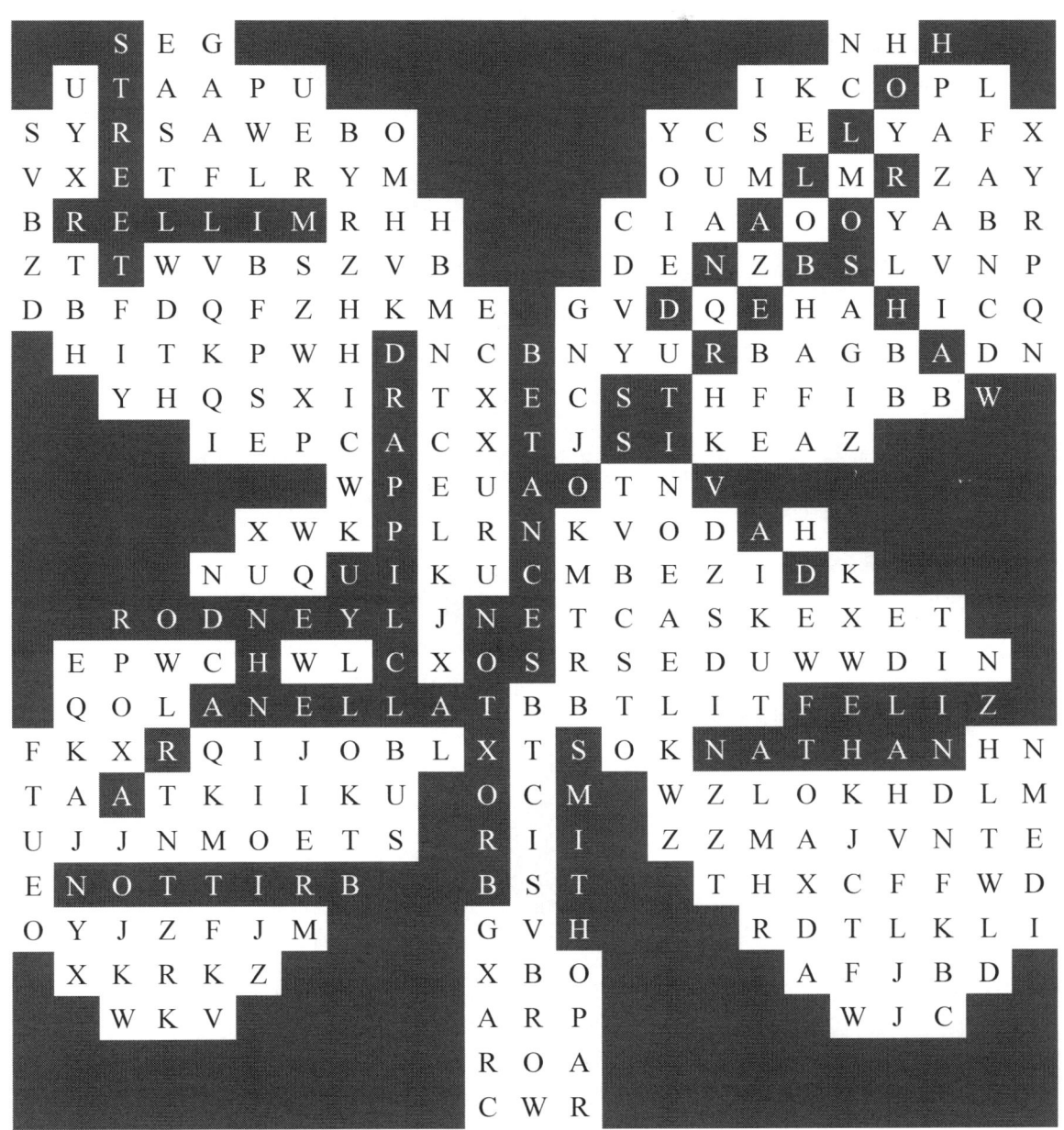

National League Relievers

Catchers

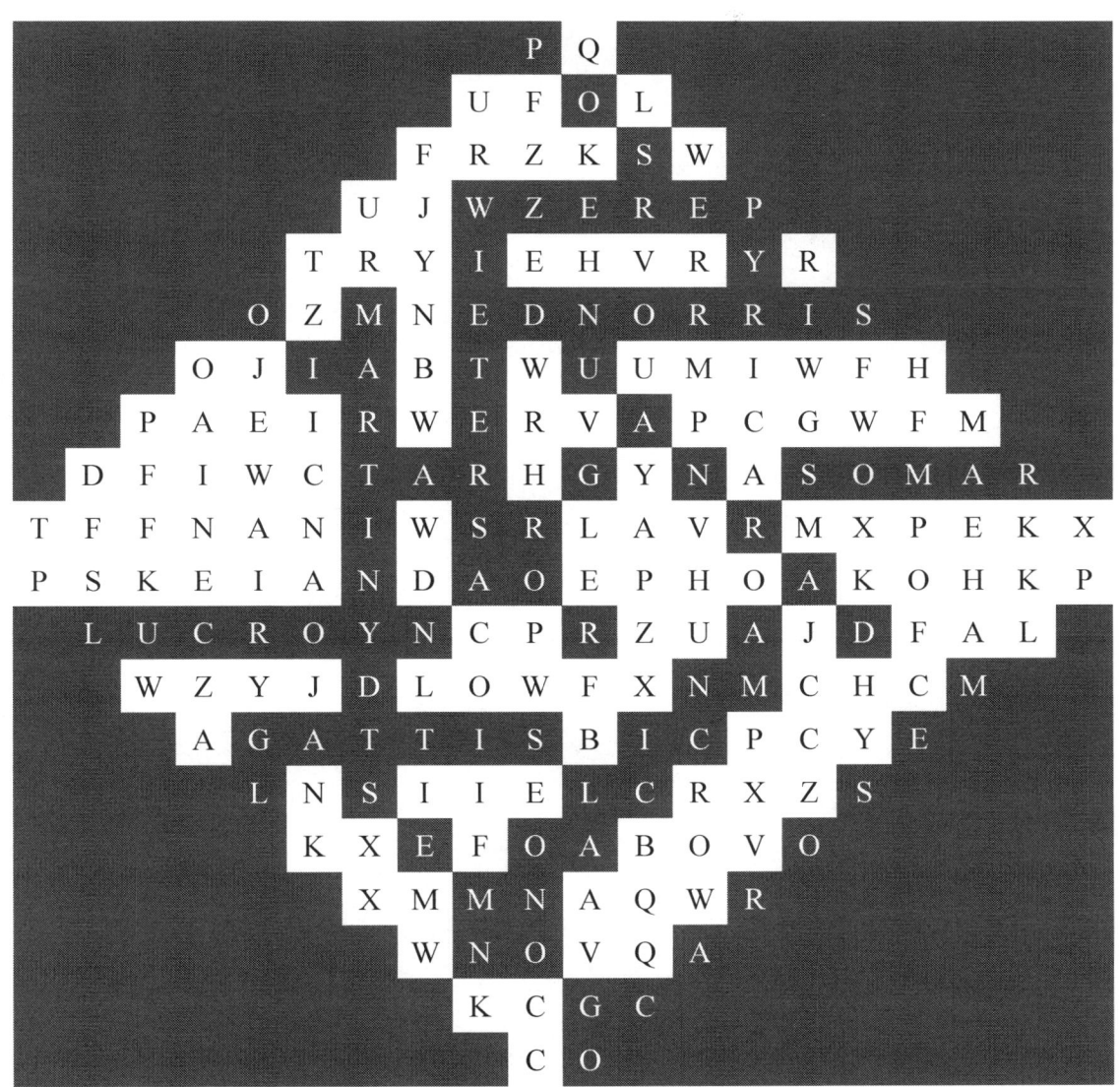

First Basemen

Second Basemen

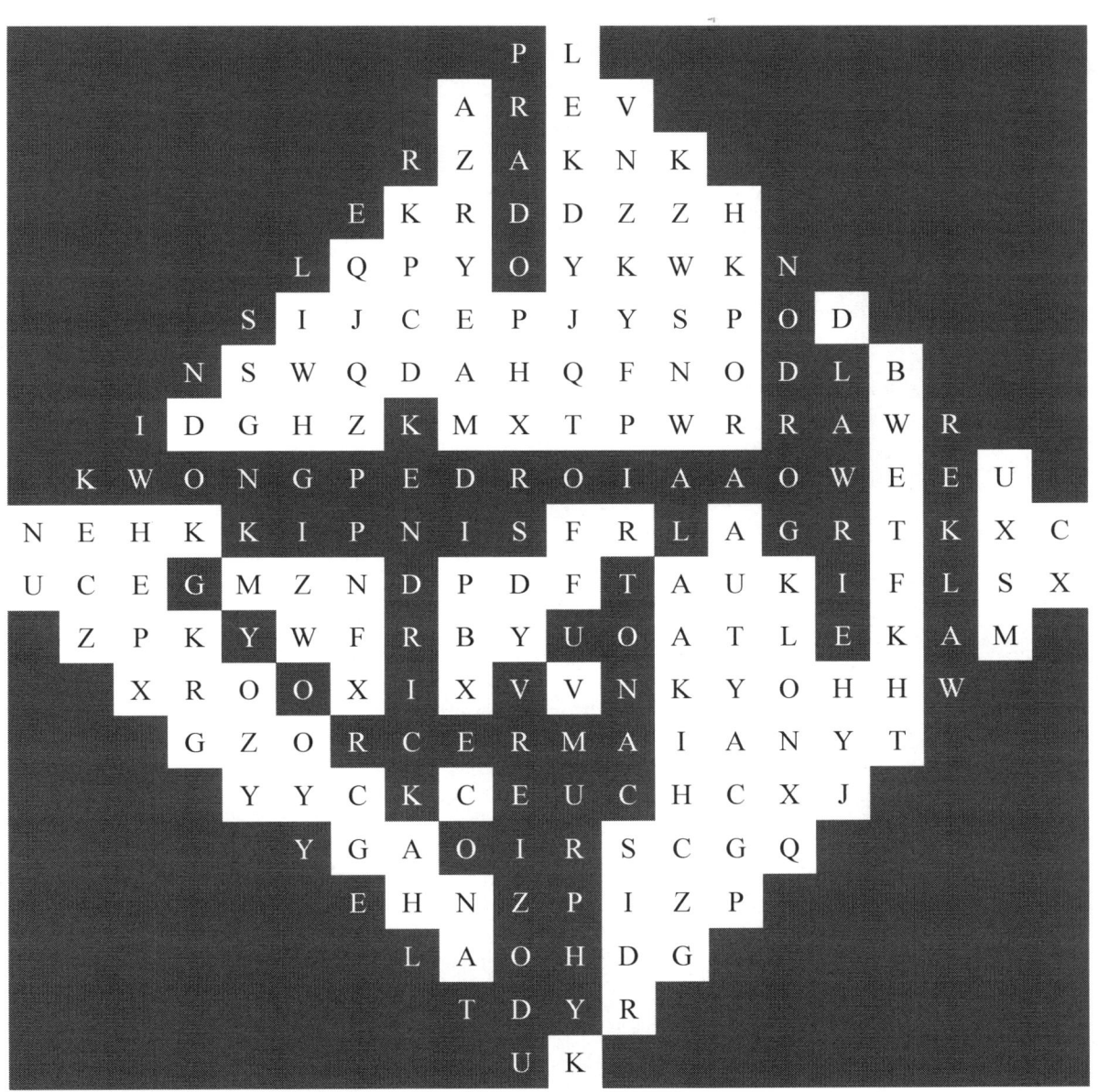

Third Basemen

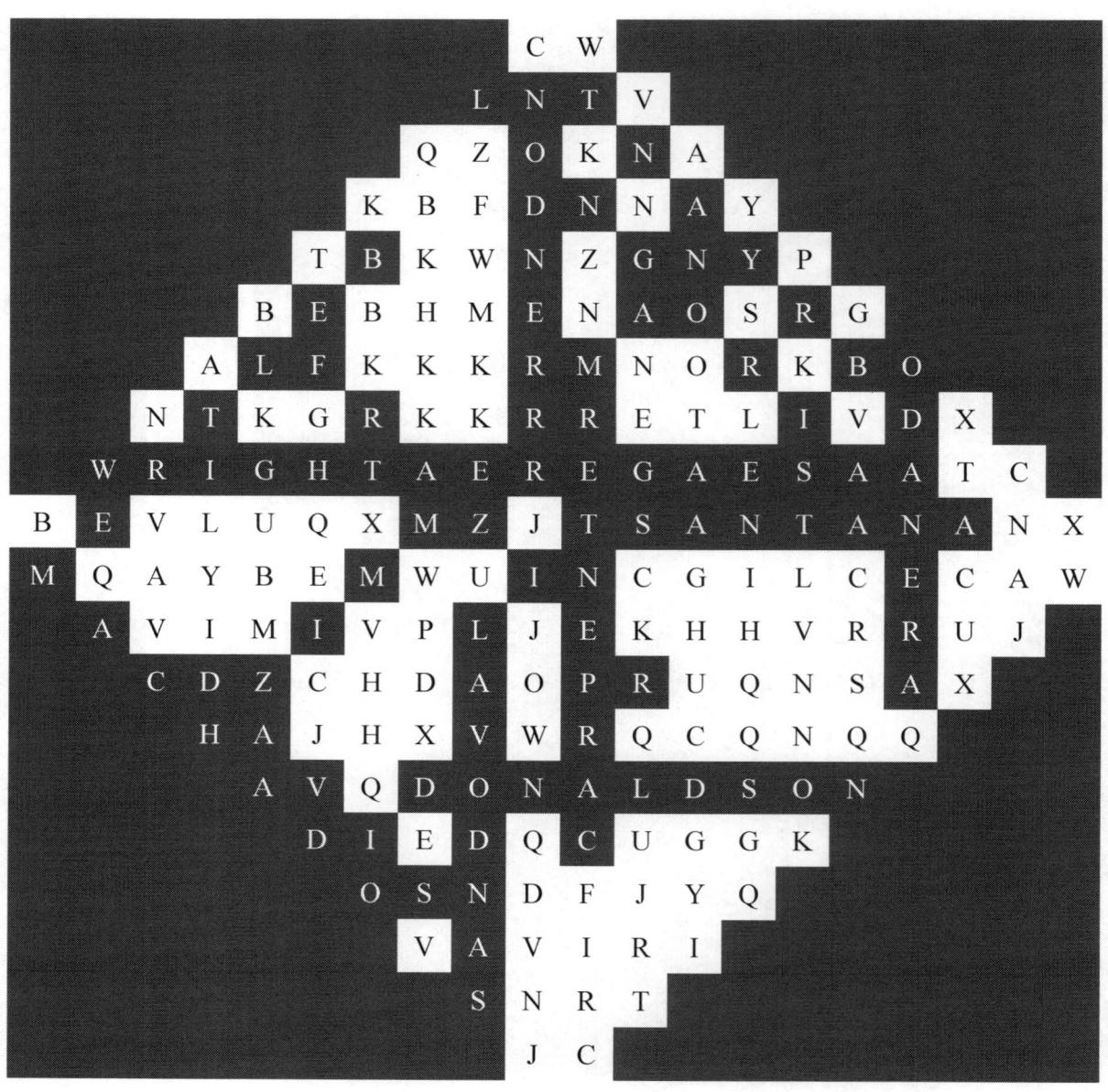

Shortstops

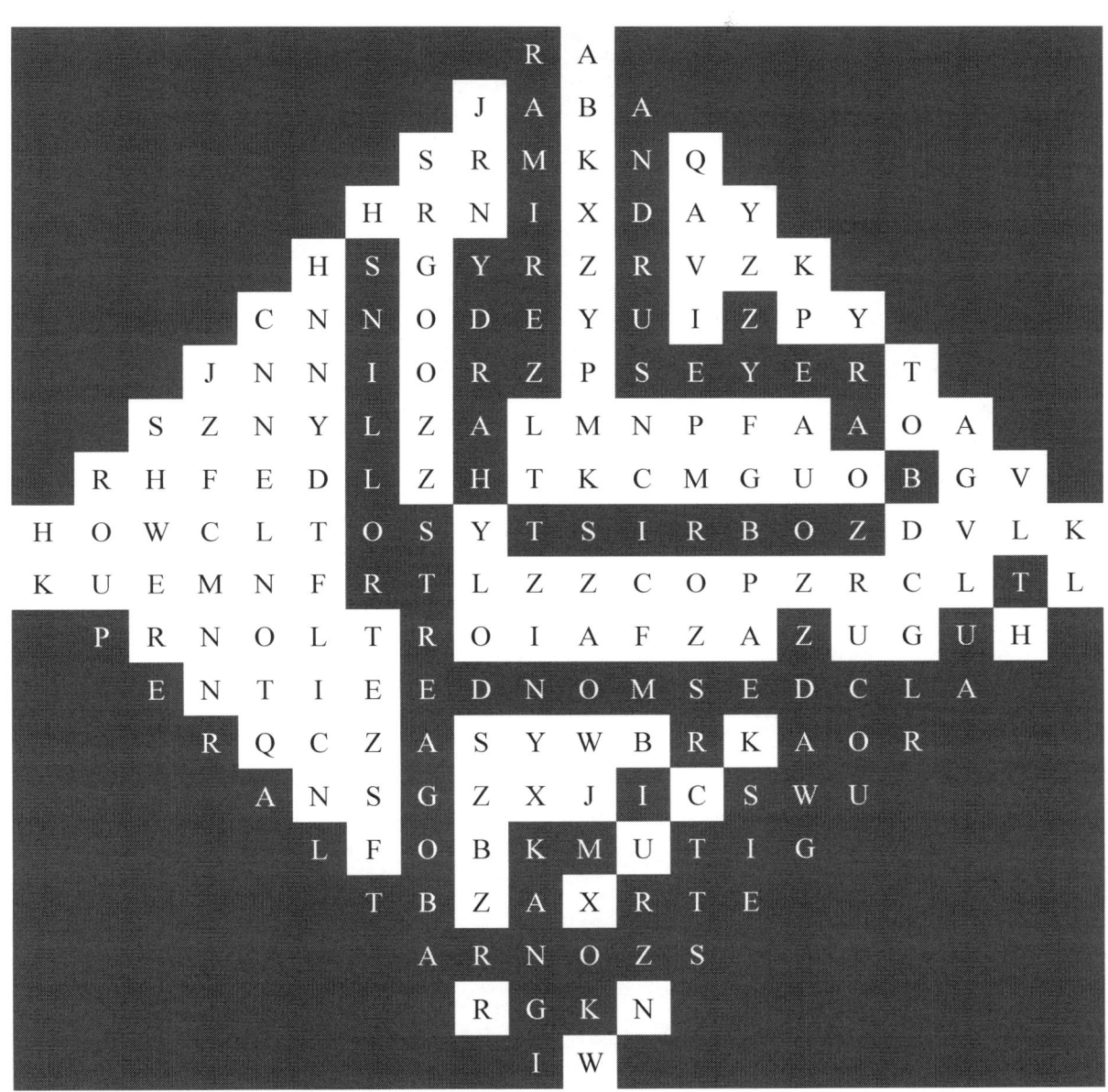

Outfielders

Outfielders Too

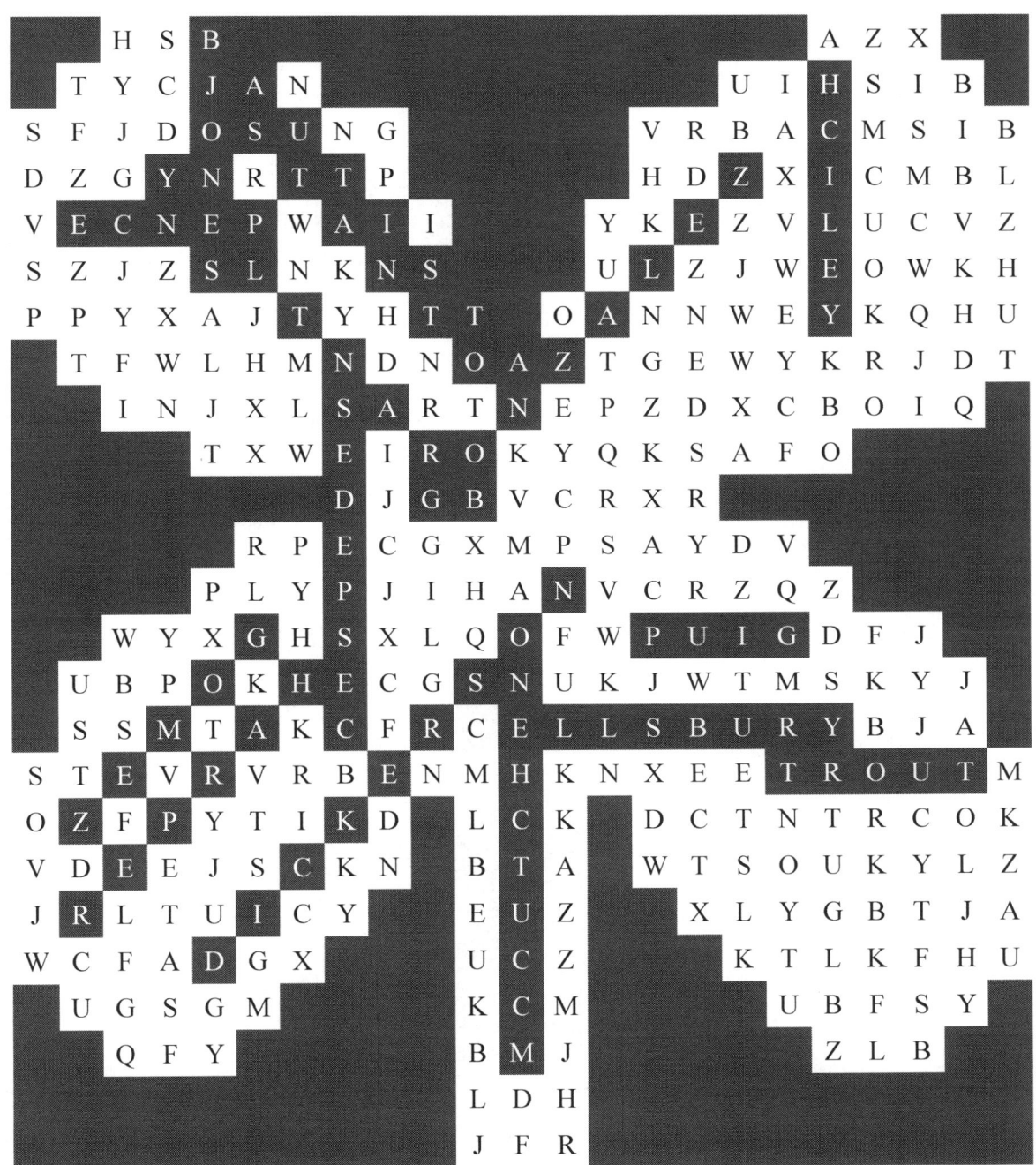

Hall of Fame Pitchers

Hall of Fame Pitchers Too

Hall of Fame Catchers

Hall of Fame First Basemen

Hall of Fame Second Basemen

Hall of Fame Third Basemen

Hall of Fame Shortstops

Hall of Fame Outfielders

Hall of Fame Outfielders Too

World Series Winners

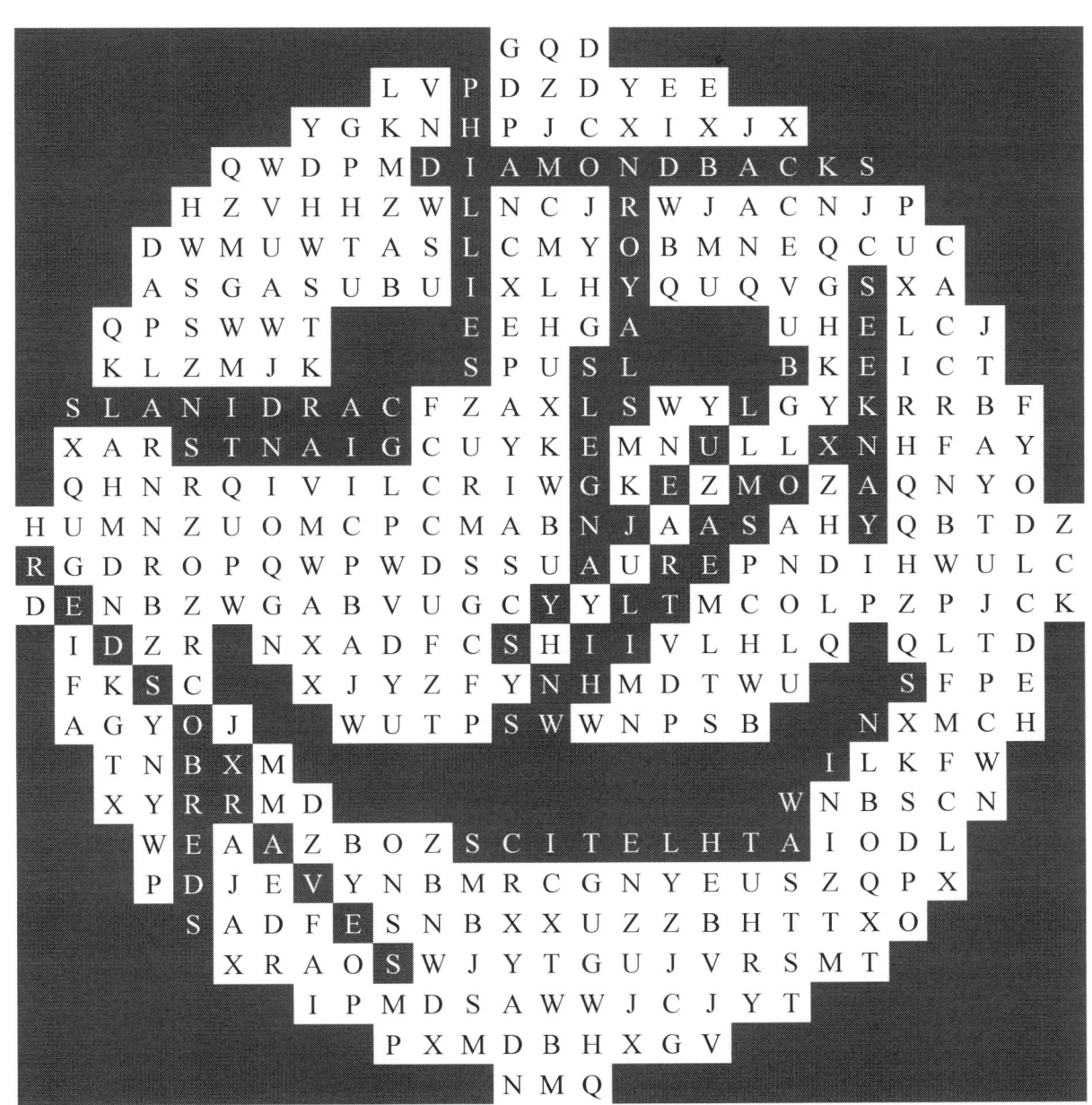

Matching Answers

AL Stadiums	NL Stadiums	AL Pitchers	NL Pitchers	AL Relievers
I	F	I	M	J
G	E	K	N	I
A	H	C	J	D
J	M	G	G	O
F	A	L	L	A
N	B	D	H	C
O	I	A	F	B
H	J	J	E	L
D	O	F	P	G
B	L	N	A	H
L	C	O	O	E
M	K	H	B	P
K	G	B	I	F/K
C	N	M	D	M
E	D	E	C	N
			K	K/F

NL Relievers	Catchers	First Basemen	2nd Basemen	3rd Basemen
A	M	I	A	O
G	A	K	B	D
K	B	D	E	N
J	J	C	C	H
E	L	M	I	B
L	N	N	G	J
H	O	L	J	M
C	G	O	F	L
I	D	E	H	E
O	H	H	D	C
P	K	J	K	F
F	F	G	L	G
N	C	B	N	A
D	I	A	O	K
M	E	F	M	I
B				

Shortstops	Outfielders	Outfielders Too	H of F Pitchers	H of F Pitchers 2
M	E	O	O	
H	L	F	C	L
N	A	C	E	K
J	G	G	K	A
O	H	B/E	M/F	E
B	J	J	D	B
F	N	L	N	I
C	B/O	H	I	G/M/F
L	K	D	G	J
K/I	D	K	A	C
D	M	A	L	N
E	I	E/B	H	D
I/K	O/B	I	B	F/G/M
A	C	M	J	O
G	F	N	F/M	H
				M/F/G

H of Fame Catchers	H of Fame 1st Basemen	H of Fame 2nd Basemen	H of Fame 3rd Basemen	H of Fame Shortstops
C	I	D	H	A
G	J	J	C	I
D	F	C/F	D	E
B	C	A	B/I	K
H	B	H	G	J
J	A	E	F	G
A	H	F/C	I/B	F
E	D	G	A	B
I	E	B	E	D
F	G	I	J	C
				H

H of Fame Outfielders	H of Fame Outfielders Too
P	C
O	E
N	P
J	M/N
D	G
H	L
M	D
B	H
G	A
K	B
C	F
A	O
E	I
L	N/M
F	J
I	K

Find more books by Emily Jacobs for your enjoyment:

Sports Word Searches and Scrambles
Word Search and Word Scramble Puzzles
All About Football

Sports Word Searches and Scrambles
Word Search and Word Scramble Puzzles
All About Basketball

Sports Players from Pennsylvania
Famous Athletes Word Searches and Other Puzzles

Sports Players from Virginia
Famous Athletes Word Searches and Other Puzzles

Football Word Search and Other Puzzles
Football Players from Ohio 1920-2014

Football Word Search and Other Puzzles
Football Players from California 1920-1990

Football Word Search and Other Puzzles
Football Players from California 1991-2014

Word Search Fun with Football Players from California

Enjoyable Geography Lessons
Word Searches About All 50 States and Their Symbols

Arkansas Word Search - Word Search and Other Puzzles about Arkansas Places and People

Colorado Word Search - Word Search and Other Puzzles about Colorado Places and People

Ohio and Its People - Ohio State Word Search Puzzles and More

Pennsylvania Word Search - Word Search and Other Puzzles about Pennsylvania Places and People

South Carolina Word Search - Word Search and Other Puzzles about South Carolina Places and People

Virginia Word Search - Word Search and Other Puzzles about Virginia Places and People

Washington Word Search - Word Search and Other Puzzles about Washington Places and People

Animal Word Search
Pet and Farm Animal Themed Word Search and Scramble Puzzles

Cars Then and Now - A Word Search Book about Cars (American)

Cars Then and Now - A Word Search Book about Cars (Foreign)

Cars Then and Now - A Word Search Book about Cars (American and Foreign)

Everything Woodworking - A Fun Word Search Book for Woodworkers

Food for Fun - A Food Themed Word Search and Word Scramble Puzzle Book

Fun with Movies - Word Puzzles of Favorite Kids' Movies

Heroes in America - Word Search Puzzles of People in our History

Bible Word Search

New Testament Word Search

Old Testament Word Search

Mandala Design Duets to Color
An Adult Coloring Book of Fun Mandala Patterns

Introducing You!
Self-Journal Questions to Get to Know Yourself

And for the little ones in your life:
Letters and Animals Coloring Fun

OR FOR MORE BASEBALL FUN, CHECK OUT THESE TITLES:

Baseball Teams Facts for Fun! National League (Books 1 and 2) – by Wyatt Michaels

Ballpark Facts for Fun! American League – by Wyatt Michaels

Ballpark Facts for Fun! National League – by Wyatt Michaels

Made in the USA
Middletown, DE
28 December 2019